中华先贤人物故事汇

曹雪芹

朱建强　著

中华书局

图书在版编目（CIP）数据

曹雪芹/朱建强著. —北京：中华书局，2022. 11（2024. 10 重印）
（中华先贤人物故事汇）
ISBN 978-7-101-15837-3

Ⅰ. 曹…　Ⅱ. 朱…　Ⅲ. 曹雪芹（1715～1763）-生平事迹
Ⅳ. K825. 6

中国版本图书馆 CIP 数据核字（2022）第 157096 号

书　　　名	曹雪芹
著　　　者	朱建强
丛　书　名	中华先贤人物故事汇
责任编辑	董邦冠
美术总监	张　旺
封面绘画	纪保超
内文插图	李　宁
责任印制	管　斌
出版发行	中华书局
	（北京市丰台区太平桥西里 38 号　100073）
	http://www. zhbc. com. cn
	E-mail：zhbc@ zhbc. com. cn
印　　　刷	三河市宏达印刷有限公司
版　　　次	2022 年 11 月第 1 版
	2024 年 10 月第 5 次印刷
规　　　格	开本/787×1092 毫米　1/32
	印张 4½　插页 2　字数 50 千字
印　　　数	11001-13000 册
国际书号	ISBN 978-7-101-15837-3
定　　　价	20. 00 元

出 版 说 明

孔子周游列国，创立儒家学说；张骞出使西域，开辟丝绸之路；书圣王羲之，留下了曲水流觞的佳话；诗仙李白，写下了"举头望明月，低头思故乡"的名篇；王安石为纠正时弊，推行变法；李时珍广集博采，躬亲实践，编撰医药学名著《本草纲目》……

这些杰出的历史人物，有的是在中华民族文明进程中做出过突出贡献、对后世产生过巨大影响的思想家、政治家，有的是对中华优秀传统文化的传承传播发挥过重大作用的文学家、艺术家、科学家，有的是为国家安定统一、民族融合团结和中外文化交流做出过杰出贡献的军事家、外交家……他们为中华民族的繁荣发展做出了伟大的贡献，他们的行为事迹、风范品格为当世楷模，并垂范后世。

他们是中华民族的先贤人物。他们的思想、品德、事迹，是中华优秀传统文化的结晶；他们的故事，是对中华民族的禀赋、特点和气质最生动、最鲜活的阐释；他们的名字，在五千年中华文明史上最为光彩夺目；他们为五千年中华文明史书写了最为光辉灿烂的篇章。

为了解先贤，走近先贤，我们精心组织编写了这套《中华先贤人物故事汇》丛书，以翔实可靠的史料为依据，细腻动人的故事为载体，真实地呈现中华先贤人物的事迹、品格和精神风貌，彰显他们的贡献和功绩，激发人们对国家民族的热爱，对中华文明、中华优秀传统文化的崇敬。

开卷有益，期待这套丛书成为你的良师益友。

目 录

导　读

　　曹雪芹，原名曹霑，满洲正白旗人，是中国古代最负盛名的长篇小说《红楼梦》的作者。

　　曹雪芹的祖父名为曹寅，是康熙皇帝乳母的儿子。曹寅深受康熙皇帝的信任，担任江宁织造一职。曹寅十分热心于文艺事业，鼎鼎大名的《全唐诗》就是由他主持编纂的。

　　曹雪芹出生于康熙朝末期，那时的曹家是江南一带最负盛名的贵族家庭之一。他在欣欣向荣的江宁城中度过了自己锦衣玉食的童年时代——那是他人生中最美好的一段回忆。

　　雍正皇帝继位之后，以财政亏空、骚扰驿站等名义将曹雪芹的父亲曹頫革职抄家。曹雪芹也从一个贵族公子沦为罪人后代，开始直面之前被贵族世家光环所掩盖的人间困苦。他们全家从南京搬回北京，在南城蒜市口一处破旧的祖宅安身。乾隆皇帝继位之后，曹家稍有起色。但是好景不长，曹雪芹的家境愈发困顿。

最终，曹雪芹举家搬到了北京西郊香山脚下的一个小村庄定居。饱尝人世艰辛的曹雪芹在那里完成了长篇巨著《红楼梦》的创作，并且不断进行修改，直至去世。

曹雪芹虽然在他的一生中经历了身份地位的巨大落差，可他从来没有被现实中的挫折打垮。晚年的曹雪芹极度贫困，曾经靠喝粥度日。但是他仍然保持着一种潇洒、豁达的人生姿态，时人记载他"素性放达，好饮，又善诗画"。

他的巨著《红楼梦》讲述了一个贵族世家如何一步步走向颓败的故事。这部小说包含着曹雪芹的身世之悲，却并没有流于狭隘的自哀自怨。他在这部小说中对世态人情进行了精细描画，对一个家族的衰败过程进行了深入剖析。更为可贵的是，他在主人公的情感悲剧以及家族的衰败命运背后，寄托了对于人生的一种跨越时代的哲学思考。这是《红楼梦》流传久远的理由，也是曹雪芹被永远铭记的原因。

败 落

　　雍正六年（1728）春节，江宁城热闹非凡。位于江宁城中央的赫赫扬扬的织造府中，却有些冷清。往年，成群结队的文士和官员，恨不得踏破织造府的门槛。可是今年，织造府里只有几只红灯笼在寂寥地飘荡着。

　　府中的小少爷名为曹霑，就是后来大名鼎鼎的曹雪芹，此时不过十三四岁。他早已厌烦了平日里教书先生咿咿呀呀，似婴儿学语般的教诲。他一直盼望着过年。春节终于来到，可是府中丝毫没有辞旧迎新的气氛。

　　此时的曹雪芹是一位富贵公子，未谙世事。曹家在江南经营数十年，积攒下了财富与人望。他自出生时起，便被恭维与夸赞所包围。府中的下人、清客，府外的官员、文人，在曹雪芹面前，都极尽他们和蔼的一面，那种和蔼中包含着显而易见的谄媚，他们企图以此取悦曹雪芹的父亲——声名显赫的江宁织造曹頫。

曹雪芹是家中独子，在母亲面前，他无所顾忌；在下人面前，他颐指气使。可是他在父亲面前，却不得不屏气凝神，偶尔还感到几分恐惧。父亲与他见面，言谈不外乎功课。父亲时常要他汇报最近背了多少书，写了多少字。曹雪芹回答稍不如意，便会迎来父亲声色俱厉的呵斥。

平日里，父亲在他面前表现出来的只有威严，只有在过年时，才会将这威严抹去几分。每到这时，平日里在父亲面前恂恂栗栗的曹雪芹，才可长舒几口气，不用担心父亲猝不及防的提问。

可是这次春节，父亲的脸上看不出欢喜与和蔼，也没有了往日那般威严，反而横添几分暴躁。父亲一直在房中来回踱步，不时抓起笔想写些什么，可是草草几字过后，就会将笔狠狠地扔到一边，然后将纸笺揉成一团甩到地上。管家想要凑上去，被父亲一顿责骂。之后，父亲就会瘫坐在椅子上，久久不发一言。

父亲从未在曹雪芹面前展现出这样的形象。曹雪芹感到的只有恐惧，这和平日里见到父亲时感到的恐惧完全不同。

果不其然，没过几天，厄运降临。

正月初六日中午，曹雪芹正在母亲房中吃饭，管家急匆匆地进来，他的脸就像经过深秋的风霜洗礼过的熟过头了的红柿子，十分难看。他来到母亲身边，低声说了一句："京里来了钦差！"

母亲"啪"的一声将手中的碗摔在了桌子上，从丫鬟手中抢过毛巾胡乱地擦了擦嘴。她匆匆走出正屋，同时催促管家："快去！快去！打探一下情况！"

曹雪芹紧跟身后，发现母亲停在了内院和官衙之间的通道里。他看到守寡的伯母也匆匆赶来，和母亲一样非常焦急。家中的小厮和仆役，似乎也察觉到了异样，三三两两地来到了这里。

没过多久，曹雪芹看到管家快步走来。管家没注意脚下，险些被台阶绊倒。他还没有走近，母亲便张口问道："怎么样？！"

管家赶到他们面前，低声说道："我没敢太靠近，远远地听着，好像，好像皇上罢了老爷的官……"

母亲面如死灰，两眼失神，嘴上一直念叨："终于还是……逃不过……"

没过多久，父亲从官衙的方向走来了。父亲和母亲一样，失魂落魄。这时伯母开口了："皇上……皇上没有说要……抄……抄家吧？"伯母刻意压低了声音，但是掩饰不住颤抖。

父亲没有抬眼，轻轻地抬起了右手，有气无力地摇了摇。

伯母长舒了一口气。

父亲叹了一口气说："圣心难测，谁知道呢？"

伯母瞬间抓紧了手帕，变得更紧张了。

曹雪芹吓呆了，眼泪抑制不住地流了出来。可是不知为什么，他不敢哭出声。虽然他不清楚自己的家里到底发生了什么情况，但是他明白，他们家倒了大霉。

之后，府中几乎所有人都开始忙着收拾东西，父亲说他们马上就要从这里搬出去了。曹雪芹问父亲他们要搬到哪里，父亲没有回答，只有沉默。

他在这个家里已经生活了十几年，府中的一草一木他都十分熟悉，府中到处都是他留下的各种痕迹。没有任何心理准备，他便要跟这个家，跟从前的日子告别了。往日在府中生活的情景在他的脑海里顿时变得模糊了。他突然感觉，之前在书房中背书、写字，听老先生唠叨的日子也变得令人怀念。十几年的光阴就这样被一纸诏令夺走了。

接下来的几天，曹雪芹闷闷不乐，无所事事。

正月十六的上午，天空中飘浮着一层又一层墨色的云，曹雪芹的屋子暗暗的。他突然听到不远处传来闹哄哄的声音，这在深宅大院中显得极不平常。他刚走到门口，突然发现院子里涌进来了一队又一队的官兵。脚步声、叫嚣声、号哭声混在一起，涌进了曹雪芹的耳朵。

天昏地暗，曹雪芹不知道发生了什么。

官兵长长的队伍之后，跟着一个穿了官服的人，这个官员一边大步踏进内院，一边趾高气扬地高喊：

"把所有人都集中到正屋！"

话音刚落，就有两个官兵大步跑了过来，揪住曹雪芹的衣服便往外拖。两个官兵脸色都黑黢黢的，略显狰狞，身上也散发着一股似乎是汗味的难闻的味道。他们在拖拽这位脸色白嫩的公子哥时，粗暴中夹杂着兴奋。曹雪芹的眼前一片模糊，浑身没有一丝力气。他被扔到了正房里，母亲也在那里，他向母亲扑了过去。母亲抱着曹雪芹失声痛哭。

正房中从未如此混乱。丫鬟们花容失色，低头饮泣，小厮们垂首无言。父亲则斜坐在一把椅子上，脸色阴沉得可怕。

院子里很多东倒西歪的箱子，零碎物件撒得到处都是。

正房的门口有几个虎视眈眈的官兵，对屋中之人严防死守。

曹雪芹在母亲的怀中不知哭了多久，他突然明白，这就是所谓的抄家。抄家的残酷程度，本在他幼小心灵的承受范围之外，如今他却要骤然领受。

没过多久，便有一个穿着官服的官员进了正

屋，父亲忙起身，说道：

"老隋，啊，不，隋大人，您看这……"

父亲因为慌乱而一时语塞，叹着气把头扭到了一边。

这位隋大人略显年老，但是还算健硕。他略低着头，缓缓说道：

"曹兄，事到如今，谁都没有料到。不过曹兄放心，我争取不让曹兄过于难堪。"

"唉！"父亲叹了一口气说道，"不敢奢求什么，只求隋大人能帮忙保全我们的霑儿！"

"曹兄，事情还没有到无法挽回的地步！"隋大人停顿了一下，轻轻说道，"放心，我清楚你们的难处。我会代你们向圣上奏明！"

父亲长时间没有作声，隋大人拍了拍父亲的肩膀，转身走了出去。

这位隋大人表面上很客气，可是曹雪芹闻到了他身上散发的阵阵杀意。他觉得就是这位隋大人将灾祸带入了他的家门，他的心中不再只有害怕，渐渐生出了怨恨。他默默地诅咒着刚才见到的这位隋大人，也诅咒着院子里那些简直就是在抢劫的官吏和士兵。

中午和晚上，不可一世的官兵们根本没想起正屋中那一大群挨饿的人。曹家人但凡想出屋门找点吃的，就会遭到门外官兵的一顿呵斥。那一晚，所有人都无心睡觉。大家都哭累了，屋子里一片死寂，只是偶尔有人发出一两声嘶哑的呻吟。

不时还可以听到江宁城中放烟花的声响。府外的大街小巷，人们依然在迎来送往。新年刚刚结束，大部分人依然不愿从过年的氛围中脱身。家家户户门口的灯笼依旧通红。曹家院子里的灯笼，无人添续蜡烛，早已隐没在漆黑的夜色当中。

第二天，隋大人走进屋子，向他们宣布了接下来的安排。他们将在江宁再待几天，等隋大人把查抄的情况整理成报告，曹家便要举家北上，到北京听候发落。

之后的几年，曹雪芹逐渐长大。他从父母和外人的讲述中，拼凑出家族的历史。他们家祖上是汉人，明末被入侵中原的清军掳去做了奴隶，也就是包衣。顺治朝，曹雪芹的曾祖母被挑选为皇子玄烨的乳母。她谨小慎微，兢兢业业。后来，玄烨当了皇帝，也就是康熙皇帝。康熙皇帝对自己乳母的儿子——曹雪芹的祖父曹寅——关怀备至。

曹寅比玄烨小几岁，从小便成了玄烨的侍卫。曹寅长大之后，皇帝决定派他到江南担任织造。表面上看，织造只是为皇帝监督绸布的生产与运输。实际上，任职于江南一带的织造是皇帝不可或缺的耳目。江南地区盛产汉族文士和官员，又是清王朝的财赋之区，对于清王朝的重要性不言而喻。皇帝身处九重宫阙之中，需要有可靠的人向他报告江南的风吹草动，同时团结拉拢江南的文士与官员。曹寅是皇帝的侍卫，和皇帝一起长大，自然是合适人选。

曹寅果然不负皇帝之望。他雅好文艺，懂得拉拢人心。他逐渐组织起江南的文人和官员完成了一系列的事业，《全唐诗》就是曹寅主持修纂的。曹寅下世，曹雪芹的伯父曹颙和父亲曹頫先后担任织造。曹家人就这样，由曾经的奴隶，变成了江南的世家。

康熙皇帝驾崩，雍正皇帝继位。甫一上台，励精图治的雍正皇帝就以亏空为由，将苏州织造李煦——曹寅的内兄——革职抄家。父母和伯母在当时就预料到了，李家的命运早晚也会降临到曹家。雍正五年（1727），皇帝屡次下旨申斥曹頫。曹頫隐隐地感觉到，暴风雨马上就要到来了。

曹家的光辉与荣耀，在雍正六年（1728）年初那一个阴沉的上午戛然而止。

北上

三月的江南，早已是草长莺飞。曹雪芹一家人被安置在一处闲置房舍中已有两月。这处院落离织造府不远，虽为闹市包围，但略显寂寞。

刚被关起来的时候，他不断地朝着母亲哭诉和抱怨。父亲一开始并未说些什么，眼神中也有些愧疚。可久而久之，父亲似乎厌烦了曹雪芹的啼哭，投向他的目光多了几分严厉。不过和往日催促他读书时的威严相比，这种严厉显得苍白而脆弱。

逐渐地，曹雪芹的情绪略微退去，可接踵而来的是难以排遣的无聊。每天站在逼仄的小院里望着近在咫尺的织造府高墙静静地出神，回忆着往日衣锦食肉的生活。他明白再次踏入那高墙大院之中，已属不可能之事。

　　每日的饭食，是粗粝的米饭和一些黑乎乎的咸菜。曹雪芹总说那些咸菜中有一股酸酸的难闻气味。头两天，曹雪芹拒绝吃饭。但咕咕乱叫的肚子轻而易举地摧毁了他的倔强与高傲，强迫他相信这些食物并非不可下咽。低劣的食物似乎有腐蚀记忆的功能，往日那些精致的饭菜的味道，在他的印象中开始逐渐模糊。

　　三月中旬，有一个官员闯入小院，命令他们立即收拾东西，随时准备出发。没过两天，便有一队差役来到这个小院，将曹雪芹一家几口押送到了城外长江的岸边。此时的曹家，已经没有几口人了，大部分的丫鬟和仆人已被遣散。只有几个当年从北京带来的家仆的后代，无处可去，只能选择随曹家北上回京。

　　出了城北的金川门，便来到了长江边。他们没有立刻上船，差役让他们原地待命。此时曹雪芹一家穿着朴素的棉布衣服，和从身旁走过的普通游人没有任何区别。不过身边的差役多少有些扎眼，路人的目光经常越过差役，投向这一群略显窘迫的男女老少。阳光已稍显毒辣，等候了一两个时辰的曹雪芹已经有些出汗。

一顶墨绿色轿子停在了面前，从中走出一个穿着淡绿色织锦长袍的人。由于此人没穿官服，曹雪芹反应了一会儿才认出，这位就是隋大人。隋大人走到了父亲面前，说了些什么。曹雪芹在母亲身边，距父亲站的位置有些远，所以没有听清。

过了不久，隋大人上轿离开。他们被赶上了船，船不大，有些拥挤。坐定之后，父亲向母亲大致交代了刚才隋大人说了什么。大意是隋大人上奏折说明了曹家的难处，表示曹家抄出的财产十分有限。皇帝看到奏折后，没有表示要一查到底。还有，当年曹寅经营江南的一番心血，有些文士没有忘记。他们有些人已经入朝为官，听说曹家被抄，便上疏为曹家求情。最终，皇帝还给曹家在北京留了一处房产，以示优恤。

隋大人已接替曹頫出任织造，亲自前来与曹家人告别。这番亲临一半是为了当面自矜费心求情的功劳，一半也是安慰这位上任官。大抵人们对于担任过同一职位的人，总是抱有一种复杂的情感。当自己的上任遭遇厄运的时候，尤其如此：谁又知道同样的命运会不会降临到自己的头上呢？多年以后，曹雪芹得知，这位隋大人后来也被雍正皇帝革职，更悲惨的是，他还被流放到边疆苦寒之地。令人唏嘘的是，隋大人得祸的根由，和参与查抄曹家有着紧密关系。

昔日曹家北上、南下，搭乘的是富丽堂皇的官船。一路上，总会有各色地方官，小心翼翼地登上官船，向主人百般致意。可如今，他们在这狭小的船舱中，不得不留心几个微不足道的小差役的脸色。世事变幻，谁也摸不清头绪。

当时曹𫖯听闻被罢官的消息时，便有不祥的预感，便在贴身衣物中藏了一些银票。这些银票并没有被搜出，如今开始派上用场。曹𫖯拿出一部分送给了这些差役，这些差役写满厌烦的脸上顿时生出了几分喜色。再加上隋赫德在临行前，严厉地命令了这些差役，让他们不要为难曹家，所以一路上，差役们对曹家人还算客气。

他们先是顺着长江东下，然后沿着京杭大运河一路北上。江南的粮米、税银还有各色各样的货

曹家坐船沿京杭大运河北上。此时的运河并不繁忙。曹雪芹不耐寂寞，时常走出船舱，看着岸边景物的变化。

物，就是顺着这条不宽的运河，源源不断地输送到北京。此时还不是运河繁忙的季节，河上的船只并不是很多。曹雪芹不耐寂寞，时常走出船舱，看着岸边景物的变化。一开始是白墙黑瓦的民居，起伏的丘陵，和丘陵间光秃秃的水田——此时大部分的稻田还没开始插秧。

往北走，除了偶尔见到的繁华都市之外，便是一望无际的大平原了。曹雪芹问父亲，为什么北方人田里种的都是青草。父亲告诉他，那是麦苗，不是青草。北方的民居是黄中透灰的，满是泥土气，给曹雪芹一种浑浊滞重的感觉。

大概走了半个多月，曹雪芹听父亲说，他们马上就要到达通州。到了通州，就意味着马上就要到达北京了。他们将在京城里正式告别往昔，开始全新的生活。果然，没过多久，曹雪芹便注意到，岸边不再荒凉萧索，开始出现高大的粮仓，还有热闹的市场。每年，很大一部分从江南运来的财富，将会在这里储存起来。商人们带来的各种货物，也会在这里找到买主。熙攘的景象，并未让曹雪芹忘记自己革员之子的身份，繁华景象反倒触发了曹雪芹的身世之悲。

在通州下船，差役们将他们送到了京城中的内务府衙门。曹家本是皇家的家奴，在江南完成了华丽的转身。如今，繁华落尽，他们重回北京，露出了奴才的底色。不过值得曹家欣慰的是，曹颙虽然被革职抄家，但是并没有一败涂地。从此之后，他们仍然做内务府包衣，承办内务府派给他们的差事。

他们被带到了蒜市口的一个院落中。这个院子周围是热闹的市场，人声鼎沸。在这里居住的，很少有达官显贵，多是平民百姓。这个院子本就属于曹家，其中还一直居住着几位留守的仆人。这几位仆人听闻主人归来，毕恭毕敬地站到了门口迎候。院落还算宽敞，只是透着衰朽的气息。房屋中的陈设器具朴素平常，可在曾经的贵公子眼里却极为陌生。

在北京居住的开始一段时间，曹家的生活显得兵荒马乱。虽然家中还是有些仆人，但是落魄如斯，收拾房屋和院落的工作，父母，甚至是曹雪芹都不得不亲自动手。屋子里飘荡着一股潮湿和腐败的气味，白墙上到处都是黑色的斑点，墙角还能见到不少蒙着灰尘的蛛网。地面铺着一层砖，上面也满是凝固了的黄土。

白天，父亲要去内务府点卯。回来的时候，脸色像笼罩了一层灰霾。母亲每每关切地询问父亲发生了什么，父亲总是勉强挤出笑容，告诉母亲没什么可以担心的。后来，曹雪芹交际渐广，才得以亲自领略父亲当年身为革员的不易。

经历了这一番剧变，曹雪芹少年时代的懵懂无知以一种近乎无情的方式被撕去。从前的他身处雕梁画栋之间，每天在应付完恼人的功课之后，最重要的事情便是自己寻开心。有时，他会瞒着家人，带着一两个小厮，偷偷溜出家门，以一个贵公子的眼光欣赏着街市的繁华与热闹。他以为这便是世界的本来面目。

可如今，他才领教，繁华与热闹恰如泡沫，轻易地便支离破碎。辛酸与无常才是这个世界的底色，而这底色过早地袒露在曹雪芹的面前。

过去的人生，变成了一场梦。

入 学

　　曹家从曹雪芹的曾祖父开始显赫，曾祖父曹玺已是官居一品。但这些都根植于皇帝的宠信，并非基于科举的功名。祖父曹寅文雅风流，是江南文士的领袖。曹寅亦非科甲出身，虽广受文士尊敬，心中却一直有挥之不去的不安。

　　曹雪芹的伯父和父亲，都是年纪轻轻便承袭了织造之位。无须寒窗十年，便可生活得富丽华贵，却未必是长久的幸福。毕竟皇帝的宠信总有尽头，可进士的身份却稳如泰山。从曹雪芹幼年开始，父亲便将读书成名的希望寄托在他的身上。曹家男丁不旺，长辈对曹雪芹的万千宠爱，并不能抵消他肩上的千斤重担。

可偏偏曹雪芹面对"四书""五经"中的文字，总是昏昏欲睡。为了应付父亲的检查，他只能在家塾中老先生面前强打精神，生硬地将那些诘屈聱牙的"之乎者也"咀嚼一通，转化为一番半通不通的理解。好在他颖异非常，勉强能不让父亲失望。

可父亲的眼光再长远，也终究敌不过命运。曹頫甚至还没来得及让儿子成为一个秀才，曹家的根基——皇帝的宠信——便轰然倒塌。曹家褪去世家的外衣，变回原形。读书，也几乎成为曹家东山再起的唯一途径。颓丧之余，曹頫将更多的期望，不由分说地压在了曹雪芹身上。

初到北京，安顿下来便需要很长时间。曹頫那段时间心力交瘁，无法兼顾曹雪芹的学业。没有了督促，曹雪芹乐得清闲。这种清闲，是那段晦暗时光中的唯一安慰。曹雪芹偶尔在父亲面前拿起书，装装样子。除此之外，他就像周围平民子弟一样，在街市上闲逛。长日多暇，倍感寂寥。

时间就像蜻蜓点水一样，留下一圈圈涟漪后，便无处可寻。一年就这样过去了。回顾雍正六年

（1728），曹家人在惊涛骇浪之中苟延残喘。乍到北京，依旧是草木皆兵。等终于缓口气，久居江南的他们又初次见识了北方秋冬的威力。好不容易挨到了雍正七年（1729）的春节，家家户户的红灯笼，还有此起彼伏的鞭炮声，宣告严冬的结束。他们也去市集上买了两个红灯笼，挂在了略显寒酸的窄窄门口。

正月，父亲说要带曹雪芹去姑姑家拜年。曹雪芹从未见过姑姑，只知道她是高高在上的平郡王妃。平郡王是克勤郡王爱新觉罗·岳讬的后代，岳讬是努尔哈赤嫡子代善的长子。岳讬的后代世袭郡王，也就是俗话说的"铁帽子王"。清代的爵位采取世袭递降的原则，只有几位"铁帽子王"的继承人在袭爵时不用递降。皇帝以此报答他们打江山时立下的不世功勋。现在的平郡王名为福彭，是曹雪芹姑姑的儿子。

母亲不知道从哪里寻来一件丝绸衣服，让曹雪芹穿上。他穿上之后，母亲轻轻地拉平衣服的褶皱。曹雪芹不断抚摸这件衣服，他在一瞬间找回了在江宁时穿衣服的感觉。但也只是一瞬间，现实的压力让他很快回到了困窘的现实。他将穿着这件衣服去拜见姑姑，拜见表哥。

曹雪芹家在崇文门南边，那里是平民百姓的居住区。平郡王府在宣武门北边，那里是达官贵人的聚集地。以往，曹雪芹身处达官贵人中间，迎来送往。而如今，他的身份一落千丈，在步入威严的平郡王府时，甚至感到了几分畏怯。

在表哥的寝殿中，他见到了表哥。虽然父亲是平郡王的舅舅，但是尊卑有别，自然要行大礼，平郡王再向自己的舅舅回礼。之后，他们被带到了姑姑的寝殿，又开始另一套复杂的礼节。曹雪芹年纪尚小，与母亲、伯母来到了姑姑身边。姑姑非常激动，眼中还沁出了几朵泪花。姑姑给了曹雪芹丰厚的拜年礼。

后来曹雪芹回到父亲身边，福彭看到曹雪芹走来，突然想起一件事情，向曹頫说道：

"舅舅，外甥儿突然想起，前一阵儿在四爷跟前，听说皇上想要在咸安宫办一个官学，专门收内务府三旗子弟入学，教习一律是翰林。如果舅舅有意的话，我给主管这件事儿的人捎句话，让霑儿进去读书。"

父亲听到后，眼中立马有了光。稍稍停顿了一下，似乎是平复一下内心的激动，说道：

"王爷如肯帮忙，自然是感激不尽。"

"哪里哪里！舅舅客气了。"王爷立马答道。

父亲此时将目光投向曹雪芹，曹雪芹自然明白，这是要他向王爷道谢。虽然他有几分不情愿，但还是起身向王爷鞠躬施礼："多谢王爷！"王爷则笑着起身将曹雪芹扶回座上。

果真，没过几个月，曹頫便见到了设立咸安宫官学的谕旨。在接收学员的名单上，曹雪芹的名字赫然在列。从此，曹雪芹就要开始一段新的读书生涯了。在父亲眼中，曹雪芹的学业，不仅承载着自身的命运，而且关系着整个家族的命运。

咸安宫官学位于西华门内，已是大内的地界。曹雪芹一开始听说官学所在地为咸安宫时，心中颇为激动，便幻想着在皇宫之内读书是何等感觉。后来又听说入学后，每月发给官银三两，米三斗，还有笔墨纸砚，内心再次有了几丝喜悦。要知道，在江宁时，每月的零花钱不过二两银子，来到北京之后，每月零花钱变得少之又少。但是回想当初家塾中读书的痛苦，这几分激动和喜悦迅速冷却。

入学当天，他一大早被母亲拉起来，穿戴好，与母亲告别。跟随父亲来到了西华门后，便有人将曹雪芹领了进去，曹雪芹与父亲告别。这是曹雪芹第一次与家人分开生活，不免有几分紧张。不过皇帝——就是那位重击了曹家的雍正皇帝——倒是体恤这些学生，允许学生几天回家一次。

皇帝还允许学生带一名仆人，但是曹家现在不比从前，没有找到合适的伴学仆人。好在官学中并非全是贵公子，有些同学也没有携带家仆，所以曹雪芹并没有十分难堪。当然，那些衣着光鲜的贵公子来到这里，真正读书向学的并不是很多，他们中的大部分也是被父母强迫来到此地。他们之后将占据要津，不过不是凭借学识，而是凭借血统与门第。所以现在的他们有恃无恐，并不了解父母的苦心。

而那些处境不太好的子弟中，有一些真心向学，他们很早便领悟到了读书之重要。曹雪芹则尴尬地处在这两个群体的中间，徒然地眷恋逝去的富贵，又勉强地直面目前的窘迫。

担任教习的翰林学士，虽然儒雅，却很难称得上风流。之前父亲告诉曹雪芹，在大清国，翰林学士是凤毛麟角一般的存在。翰苑清华的形象，深深地刻印在幼年曹雪芹的脑海。可是当曹雪芹得以朝夕接触翰林学士的时候，发现这些人也不过如此。不过有一点令曹雪芹感到安慰，就是这些教习对于学生的管束并不严格。面对这些上三旗子弟，身为汉人的教习自然有些束手束脚。

按照官学章程，这些学生不能随意出入官学。但是其中一部分学生招摇惯了，很难被拘束在这片狭窄的院落。所以每天下午，一天功课结束之后，总有一些同学争先恐后地涌出西华门，外出闲逛，只是要在宫门落锁之前回来。宫门口的护卫们多一事不如少一事，只要佩有官学的腰牌，便放任他们自由进出。

曹雪芹偶尔也出去，但是大部分的时间，都是在略显阴暗的校舍中打发课余时间。或是同几个要好的同学下下棋，或者是看看书——当然不是看"四书""五经"。就是在这里，他第一次读到了

在咸安宫官学，曹雪芹第一次读到了《牡丹亭》。无聊时，他便拿这本书消磨时光。

《牡丹亭》。这几册《牡丹亭》自然是某位同学偷偷带来的，刻印精美，但已略显陈旧。侧边黑黑的，翻开内页，却很干净。曹雪芹有时无聊，便随手抓起这本书消磨时光。

初读《牡丹亭》，他觉得这部剧比"四书""五经"还要诘屈聱牙。作者汤显祖追求秾丽的文采，即便有时拗口也在所不惜。同时用典颇多，阅读时除了要有耐性，还要有丰富的学识。对于江南一带的才子，这自然不在话下。但对尚在少年的曹雪芹来说，颇有一番困难。

江南一带盛行昆曲，他随父亲拜访一些文士和官员时，偶尔会遇到主人家举办堂会。他看不太懂演出的内容，但是笛声悠扬婉转，自是能令人陶醉。曹雪芹知道这部传奇在江南一带十分盛行，只是无缘一见。他好奇这部传奇搬上舞台后会是一副什么样子，想来也会是千回百转，如梦如幻。

只是面对这些文字，曹雪芹真实感到自己很难通顺地读下去。不过无聊时又不自觉地将其捡起。他胡乱翻到一页，似乎想要寻找到自己能读懂的内容。翻着翻着，忽然停住。他的目光停在了几句曲词之上："原来姹紫嫣红开遍，似这般都付与断井颓垣。良辰美景奈何天，赏心乐事谁家院……"

他的心似乎被什么给击中了，感觉酸酸的，又暖暖的。甚至他有一种想哭的冲动，不过在校舍中其他同学面前，他只能掩饰这令人不安的悸动。这种感觉，是他在读"四书""五经"时，不可能收获的。他急忙翻到这一出戏的开头，看到了这一出的出目：惊梦。

说也奇怪，以往他觉得读不懂的剧本，这次竟然流畅地读了下来。读完了《惊梦》，他内心的悸动更为强烈。他之前憎恶读书，认为书中文字不过记载一些令人不知所云的圣人言语。没想到，有些书竟然能将闺阁中一位少女萌动的春心，还有她迷幻的梦境描画出来。他想，如果自己也能写一部这样的书该有多好。但是又一转念，觉得有些可笑。父母将自己送到这里，明明是要学习八股文章的，代圣人立言，要开口"子曰"，闭口"诗云"。《牡丹亭》在他们眼中，是离经叛道的淫书。一时间，他分不清是自己荒唐，还是所谓的"圣贤"可笑。

曹雪芹已经十五岁，到了要练习写八股文的年纪了。写八股文，最开始练习的是破题。所谓破题，就是根据题目，确立一个文章主题。破题相当于整篇文章的灵魂，自然要表达圣贤道理。教习拿康熙朝状元韩菼所作的一篇八股文举例，当时的题目是："子谓颜渊曰，用之则行，舍之则藏，唯我与尔有是夫！"题目都是从"四书""五经"中选取的原文。韩菼的破题为："圣人行藏之宜，俟能者而始微示之也。"接下来，全篇都要以圣人的口吻对自己的破题进行阐述。

曹雪芹只是觉得，这些题目，这些文章，都好似遥不可攀的崇山峻岭，和自己平日里的喜怒哀乐没有任何关系。为什么写文章非要代圣贤立言呢？不可以像汤显祖写杜丽娘的梦幻那样写文章吗？《惊梦》一出，杜丽娘在梦中与柳梦梅初次见面，于是整部剧也就变成了一场大梦。自己之前的人生又何尝不是一场梦呢？如果文章不是要写圣人的言语，而是讲述自己的那场梦，该有多好！

当时的曹雪芹，还没有产生写作一部小说的想法。可就是在那时，隐隐地在他心里种下了一粒写作的种子。这颗种子日后会生根发芽，成长为一种倾诉的欲望。促使他将自己的回忆转换为一群小儿女的情愫，这些情愫将勾连起一个大家族的历史。

这是文学上的启蒙，是他入学后的意外收获。

中 兴

    自从读到《牡丹亭》之后，他又设法找到了汤显祖的其他剧作，并在杜丽娘、柳梦梅的世界中流连忘返。就像感动于柳梦梅与杜丽娘的似海深情一样，他同样为《紫钗记》中，李益与霍小玉的悲欢离合而击节兴叹。这部剧的本事源自唐传奇《霍小玉传》。只不过《霍小玉传》中的霍小玉更为决绝，而《紫钗记》中的霍小玉，则平添了几分温婉，不过曹雪芹更欣赏那种决绝。

    《南柯记》和《邯郸记》则要让人们相信，荣华富贵不过是一场春梦，到头来总是一场空。曹雪芹的阅历尚浅，一开始不免困惑：如果都是一场空的话，那生活的意义将归于何处呢？这种思想有着危险的魅力，令人欲拒还迎。究其原因，曹雪芹毕竟亲身经历了从世家公子到包衣子弟的蜕变，亲眼见证了荣华富贵有多么脆弱。他逐渐发现将世事比作一场梦，自有其极为深刻的道理。

几年之后，当他因为在京城过于放浪，而被父亲圈禁于一间小黑屋中的时候，他对如梦的人生有了更深的体会。

曹雪芹不但沉溺于戏剧的世界，他还揭开了诗歌世界的帷幔。不似戏剧，为一些卫道士指斥为小道，诗歌一直是中国文学最为正统的文体之一。曹雪芹的祖父，正是《全唐诗》的编纂者。曹雪芹自小便接触到了不少的诗歌，但也不过是雾里看花。如今他逐渐长大，相较于枯燥乏味的八股文章，他更喜欢诗歌中那种自然而丰富的美感。

一日，曹雪芹作了一首小诗，为官学内教习张先生发现。张先生身为翰林官，当听到要自己去担任这些上三旗子弟的教习时，心中颇为懊恼。一是因为这些子弟大多不学无术，身为教习，不免有对牛弹琴之感。二是因为，这些人即使不学无术，最终也能寻到一份体面的差事，这让他隐隐产生了不平。张先生每日不过是讲一些官样文章，在曹雪芹心中他不过是又一个酸腐文人。

可张先生偶然发现了曹雪芹所作小诗后，感觉曹雪芹在作诗方面颇有几分才华，便对曹雪芹另眼相看。当他得知，自己面前的这位学生是曹楝亭——"楝亭"是曹寅之号——的后裔之后，更是对曹雪芹青睐有加。自此，闲暇时，曹雪芹经常向张先生请教有关诗歌的问题，先生自然乐得回应。曹雪芹还惊喜地发现，原来先生也对戏剧感兴趣。

张先生有时会带他拜访一些翰詹名士。其中有一位詹事，名为陈浩，得知曹雪芹的身份之后，喜不自胜。陈浩自幼生长京师，苦读十数载，于雍正二年（1724）中进士。从此官居翰林，清望满身。陈浩不只会官样文章，书法、绘画样样精通。自从当上翰林官之后，他屡屡听闻当年曹楝亭在江南地区的文雅与风流。没想到沧海桑田，曹楝亭的孙子如今重新以包衣的身份站在了自己面前。

与陈浩初见时，曹雪芹连个秀才都不是，但是陈浩并不因此对他加以轻视。曹雪芹在和这些翰林官员交往的过程中，发现了作为文人的真正乐趣。

日子一天天过去，曹雪芹终于经过层层考试，正式成为一名秀才。

那种乐趣不是通过埋首苦读圣人教训，冥思苦想八股文章，而是通过诗歌、书法、绘画与戏剧等，去了解古人的欢喜、悲愁、激动与怅惘。与古人会心之处，便是一种至高无上的愉悦。

在这些文士的家中，曹雪芹有充分的时间与机会去讨论文艺。父亲对此也略有耳闻，他认为儿子和这些进士出身的人交往，有大益处。所以曹𬇕并没有干涉儿子的选择，父子暂时相安无事。

日子一天天过去，曹雪芹终于应付过了层层的考试，正式成为一名秀才。说也奇怪，咸安宫官学自创办以来，只是零星出了几个秀才。连一个举人都没有走出来过，遑论进士。这不难理解，这些上三旗子弟不愁出路，何必自讨苦吃？

时间转眼来到了雍正十三年（1735），这一年，京城里忽然传说皇帝病重，山陵之崩即在目前。雍正皇帝以严苛驭天下，诸多达官贵人心中早有不满，只是不敢明言。很多人都期待着新皇继位，能够稍改严苛之政，使得各路官员可以松缓一下紧张的神经。

康熙末年，九子夺嫡，直到康熙皇帝病重，即使皇子都不知道谁能继承大位。经历了夺嫡之战上台的雍正皇帝，自然不想这一幕在自己当政时重演。所以在他感到身体有些吃紧时，便开始为皇四子的继位扫除障碍。雍正十一年（1733），皇四子加封宝亲王，参与朝政，开始为之后的继位做准备。

果然，这一年的八月末，宫中传出了皇帝驾崩的消息。八旗子弟，朝中官员，一律披麻戴孝。所有的府邸前都挂起了长长的白练，京城变成一片白色的海洋。与此同时，新皇帝公布了登极诏书。宣布明年起，年号改为"乾隆"。这位乾隆皇帝广施雨露，宣布前朝获罪的官员，可以酌情起复。而那些跟这位新皇帝关系密切的人，自然最先享受这一片皇恩。得益于平郡王——他是新皇帝跟前的红人——曹家过去的罪行一笔勾销，而且可能会有新的任命。

果然没过多久，曹頫被任命为内务府郎中。这意味着，曹頫手中将握有不小的权力。虽然目前来看，再次恢复世家的荣耀已属痴人说梦，但是罪人之名得以洗雪，也是一件莫大的喜事。一朝天子，一朝气象。新气象驱散了长久笼罩在曹家上空的阴霾。

曹頫并没有因喜悦而忘乎所以，他依旧认为，读书仍然是曹雪芹最为重要的任务。他对于曹雪芹的期许没有改变，那就是要像汉族士子一样，以科举功名为将来的仕途奠基。曹家有内务府的背景，还有平郡王的提携，如果曹雪芹考上进士，那么曹家的再次兴旺，似将水到渠成。

曹雪芹此时已经二十岁出头，曾经的家庭剧变并没有磨灭他的贵公子风度。凭借着父祖的名声，他与京城中文士、官员多有交往。他不苟言笑，在稠人广众之中也游刃有余。他向往的是文人淡泊宁静的风致，对八股文章深恶痛绝。但是有一点他一直清楚，就是他若不专心于八股文章，注定会激怒父亲。

他并不敢公然违抗父亲，可面对那些八股文，他实在倍感痛苦。更让他绝望的是，十年寒窗，换来一份人人艳羡的功名，最终面对的，却是官场中的人情冷暖和虚与委蛇。到最后，功名富贵一如梦境。既然做梦总有清醒之时，那为何不能置身于梦境之外，做点自己真正想要做的事情呢？

可在父亲眼中，曾经江南的一段繁华，却是无比真切的存在。即使那场梦已经如流水一般消逝，可是身为后人，重现那一段繁华梦境也就成为一种无法推卸的责任。在曹頫看来，曹雪芹在这种责任面前义不容辞。曹雪芹似乎也意识到了这一点，面对父亲，他总是陷入一种深刻的矛盾之中。

好在曹家的中兴暂时掩盖了这种矛盾。父亲的应酬明显增多了，但是父亲眉宇间总是隐隐浮现出烦恼与焦虑。在江宁时，父亲交往的对象，多是出身江南的文士与官员，崇尚诗书风雅。可是置身北京的内务府，所交往的对象大多是旗人，文雅不足，鄙陋有余。曹頫虽然自身也是旗人，但是自小便受到江南的汉族文化的滋养，所以置身北京时，他的内心脱不掉一种纠结。置身何处，身不由己，他也只能试着安之若素。

平日里，曹雪芹回家，父亲经常会给他出个题目，让他做一篇八股文。曹雪芹内心虽然极不情愿，但是难以违抗父亲的要求，只得强打精神，花一晚上的时间写出一篇。好在父亲并非科举出身，品评文章时亦如水中望月，只能隐隐看出文章的妍媸。曹雪芹文才尚佳，父亲一般也不会故意为难，只是仍然会板起面孔，不忘教训曹雪芹几句。

曹雪芹知道，将精力浪费于这些不痛不痒的文章无异于对生命的亵渎。但是他仿佛被束缚于一张充斥于四面八方的网，稍显桀骜不驯，便要面对各种古板而严肃的面孔，轻则是那些翰林院出身的先生的好言规劝，重则是父亲声色俱厉的训诫。随着对于这种生活的厌恶与日俱增，他感到自己冲撞这张网的冲动，越来越难以抑制。

放 浪

一日，张先生见到曹雪芹，神秘兮兮地邀请他共赴一场宴会。张先生将他带到南城的一条胡同，在一处不起眼的院落前停下脚步。这处院落的外墙不过是青砖灰瓦，一如平常人家，进门之后，才发现别有洞天。经过两重庭院，才看到这户人家的正房。正房十分宽敞，灯火通明，能听到袅袅的丝竹之声。

张先生告诉他，这座院落的主人是一位富商。他来自江南，倾心风雅，凭借着手中的金钱广结京城文士。一些清流文官，尤其是年轻气盛之辈，平日里因为清闲无事，自然喜欢呼朋唤友，与这位富商称兄道弟。富商也毫不吝惜华筵美酒，每每令这些文人迷醉其中。有时，富商会请来昆剧戏班，一连几天上演一部大戏。歌舞升平，文明盛景，不知今夕何夕。

商人精明，这一切自然都不是亏本的生意。与京城中的风雅名士相交，自己可以获得进身之路。这些文士不会永远清闲下去，总有一天，他们中的一些人会身居要职，这些人也许不会忘记与自己曾经的情谊。稍稍送自己一些人情，便是他消受不起的福分。到那时，之前的附庸风雅，便不是白费的苦心。

刚开始曹雪芹自然不懂这纸醉金迷之后的精心算计，不过他出于本能地对于这种富丽堂皇保持了警惕。他并不喜欢酒桌上的推杯换盏，自己也不想融入这种游戏。有好几次，他看到一些文士，刚刚还在称兄道弟，但是转眼之间，一言不合便争论得面红耳赤。这些平日里看似儒雅的文士，也不过被一些把握不住的虚名来回驱遣。

真正令曹雪芹困惑的，是他有时竟也会陶醉其中。他参与堂会的机会不多，毕竟将一个戏班请来，花费不菲。只有出现了某人荣升之类的喜事，

曹雪芹在喧闹的人声中静坐，舞台上低声吟唱的优伶，给曹雪芹讲述着一个易醒的梦，使他恍惚间以为回到了江南。

商人才会破费一把，看似慷慨之举，实际满是讨好的意味。曹雪芹每每在喧闹的人声中静坐，努力地欣赏着飘进耳朵的袅袅音符。灯影摇曳，舞台上低声吟唱的优伶，给曹雪芹讲述着一个易醒的梦，有时使他恍惚间以为回到了江南。

曹雪芹并不满足于只是在这里听一听昆曲，他还经常跑到京城中的茶园中去听戏。朝廷明令禁止在内城开设茶园，所以茶园只聚集在南城。很多达官贵人，只要有空闲，就迫不及待地穿上便服，奔波数里前往南城听戏。曹雪芹同样如此，为了在内城城门以及宫门落锁之前，赶回官学，他经常听到一半便往回赶。然而曹雪芹乐此不疲。

茶园中鱼龙混杂，戏班演员们为了取悦看客，往往将唱词和念白改造得更为粗俗。曹雪芹对那些粗俗之语充耳不闻，只是留心于小生和旦角精致的唱段。那是昆曲最后的辉煌时代，到康乾盛世的末期，昆剧——雅部戏曲的代表——便无可挽回地衰落了。

曹雪芹沉浸其中，流连忘返。在官学中，他偶尔会在周遭无人时，清唱几段。有时同学们听到了，就会起哄让他当众唱上一段。他竟然也毫无顾忌，果真在同学面前来上一两段。同学们在八股文面前无精打采，可在戏曲方面却各有各的心得。

不仅戏曲，各色各样的小说，还有子弟书、鼓词等唱本也能吸引他们的眼球。听说皇宫中的娘娘们，日常无事，便要身边的小太监们去搜罗小说、唱词，然后拿给她们看，或讲给她们听。

明清易代之际，很多文人投身于小说创作，其中最多的是才子佳人小说。发展到后来，各种故事大同小异，无非讲述才子如何风流倜傥，佳人如何美艳绝伦。相恋之后有小人播弄是非，或者权贵以势压人。好在最终才子金榜题名，才子佳人终成眷属。曹雪芹读了几部之后，便失去了兴趣。

正是在那一段时间，曹雪芹找来了《三国演义》《西游记》《水浒传》，这些小说在中国可谓家喻户晓，曹雪芹之前并没有翻阅过。好在北京城中，找到这些小说十分容易，他也就在空闲的时候随便翻了翻。给他印象最为深刻的是《水浒传》，尤其是讲述武松故事的段落，对于世态人情的把握令他连连称叹。曹雪芹虽不愿意置身于冷暖不定的世态人情之中，但如果有人能将之细致描摹出来，他会倍感钦敬。

从前，他的世界里只有自己，家世败落的经历，时常让他沉溺于钻心刺骨的痛楚中。不过在小说和戏剧中，总会有人比他更悲惨，也总是有人比他更豁达。他尝试着走出自己的世界，尝试把自己当做一个小说中的人物。他试着像一个旁观者那样为自己寻找出路，让自己的痛楚获得救赎。

或许，他可以像小说戏剧中常见的才子那样，以金榜题名换取富贵与红颜。但在他心目中，这只是一众文人庸俗的白日梦。那种千篇一律的套路能给人安慰，但这种安慰是虚假的，也是危险的。就像小说中经常出现的，因为行善积德而获得功名富贵的情节，也是一种麻醉。只有从那些功名富贵所营造出来的虚假中脱身，才能缓解自己因为家境的衰败带来的痛苦。正是这种对痛苦的解脱让他陷入一种虚空之中。还是曾经面对的那个问题：如果这一切都是虚假的，那么托生于这人世间，自己所追求的应该是什么呢？

曹家历经苦难迎来中兴之后，在众人眼中，曹雪芹的行为却越来越放浪。而人们所看不到的，是他精神上的放浪。他思索的问题逐渐多了起来，可他无法给自己的问题寻找到答案。

后来，那个经常在自己家里举办宴会的商人消失了。曹雪芹隐约听先生说起，有一位与富商关系密切的官员倒台了，富商畏祸，逃回了南方。繁华与衰败，在人世间轮流上演。

与曹雪芹交往的人多了起来，曹雪芹放浪的声名也就逐渐传播开来，流言最终传入父亲的耳中。父亲听闻之后，不胜焦急。有一次曹雪芹回家探亲，晚上被叫到了父亲的正房中。曹雪芹感到不妙，希望母亲也在正房中。但是进入正房后，发现只有父亲一人。父亲板着脸，开门见山地质问："最近可有用功读书？"

面对仓促的提问，曹雪芹一时间有些心虚："最近……最近也在研习制义，也看了些策论。"

"哼！"父亲脸色气得苍白，"快别说什么制义，什么策论。打量我不知道你在外面干的那些勾当？"

曹雪芹低着头，不发一言。他的内心萦绕着恐惧的感觉，这种面对父亲时感觉到的恐惧，从小便伴随着他。从现在开始，他想要克服这种恐惧。若不能战胜这种恐惧，他将永远无法战胜八股文在他内心中所产生的羁绊，他也就无可避免地落入一种虚伪与庸俗中去。可是面对盛怒的父亲，他无可奈何。

父亲不想在曹雪芹面前展现出他的期望，所以曹雪芹面对的，只有责备和嘲讽："不指望你光宗耀祖，只求你别丢祖宗的脸！以后专心读书也就罢了，再敢胡作非为，绝不饶你！"然后一扭身走进了旁边的书房，将曹雪芹一个人晾在那里。

曹雪芹了无意趣，慢慢走回了自己的屋子。他这时才感觉到，父亲的呵斥不再像他印象中的那样狰狞了，不知是父亲有些苍老了，还是自己的心态已经有了变化。之前父亲的训斥多少会让他收敛一些，而如今，他的内心却生出了一种坦然。因为当他开始将科举视为一条无意义之路的时候，他就已经预料到了父亲的反应。当父亲的愤怒真的降临时，他虽然还是有些仓皇，但是他相信自己能够挺住。

不过他并不愿意直接顶撞自己的父亲，他决心继续用行动表明自己的反抗态度。那天晚上，曹雪芹翻来覆去，无法入眠。迷迷糊糊的时候，他突然发现自己又回到了江宁织造署的后花园，自己惬意地躺在亭子里，远远地忽然传来了鸣锣的声音，父亲可能回来了。曹雪芹的心中不由得一紧，但随即又隐隐意识到，自己是在做梦。他惊醒，觉得眼角微凉。江宁的记忆蓦然闯入了他的梦境，他仍没有办法摆脱父亲的阴影。

第二天，母亲要曹雪芹去平郡王府探望一下姑姑和表哥。曹雪芹来到平郡王府，发现表哥福彭不在府中。他径直来到姑姑的寝殿，姑母面带忧色。和姑母说了一会儿话，正当他要告辞的时候，表哥回来了。福彭看起来有些焦急，看到曹雪芹也在，勉强挤出了笑容，向他打声招呼。紧接着福彭在母亲耳边说了些什么，姑母的脸色顿时变得阴沉。曹雪芹知趣地向姑母告退，走出了郡王府。

接下来的日子，曹雪芹还是选择了收敛。同学们依然在下午放学后就如鸟兽般狂奔到了街市上，而曹雪芹经常一个人在校舍中读一读书——读的当然是最近搜罗来的小说戏曲。但有时又实在寂寞，所以忍不住偷偷地跑到外面，去南城的茶园中听一听戏。官学中的先生们似是听说了曹雪芹父亲的态度，最近也没有邀请曹雪芹去赴一些私宴。

日子就这样一天天地过去了，曹雪芹不知道这样的日子有没有尽头，也不知道自己未来的出路在何方。对于这些寻不到答案的问题，曹雪芹并没有费心去想。

幽 闭

　　乾隆四年（1739）初春的一日，课程结束后，曹雪芹本打算回学舍休息，却被张先生叫住，张先生询问他想不想参加一场宴会，宴会的主人是一位翰林学士。曹雪芹有些犹豫，但是并不好拂了先生的面子，并且参加翰林学士的宴会，即便父亲听闻也不会说什么。所以曹雪芹便跟随先生去了。

　　宴会上觥筹交错，曹雪芹也喝了一些酒。宾主相欢时，不知道是谁提议，让曹雪芹唱一段戏。清醒时曹雪芹估计并不会同意，但几杯酒下肚，已是微醺，也就毫无顾忌地唱了一段，引来众人拍手称快。

　　长久以来，优伶实属下贱的观念深入人心，所以让一个人当众唱戏，本身已含有一定的冒犯性。但是大家早已听闻曹雪芹的名声，再加上曹雪芹并不以此为意，所以才会有人提议让曹雪芹唱戏——并非所有人都了解曹雪芹父亲的态度。

没过几天，曹雪芹回家，再次见到了父亲满脸的阴霾。很久以后，他才知道，父亲和当日宴会上的一位宾客相识，那位客人在曹雪芹父亲面前无意提起，这才泄露了秘密。不过这都是后话，眼下的曹雪芹必须要面对父亲的冷若冰霜的面孔了。

"哼！"父亲对曹雪芹不满时，总是用尽力量，将自己满腔的怒火从鼻腔中发泄出来。"祖宗的颜面全被你给败光了！"说这些话时，父亲猛然转身，似乎不想让曹雪芹看到自己失控到狰狞的面容。

噤若寒蝉的曹雪芹站在一边，一开始对发生了什么毫无头绪。

许久以后，父亲似乎稍微平静了一些。仍然背对着曹雪芹低声道："戏子当得挺开心啊！"

这时曹雪芹才明白了，父亲怒气的源头究竟为何。但是他也实在是找不到什么辩驳的言语，只能保持沉默。

父亲长长地叹了一口气，仿佛将心中所有的失望与愤怒倾泻出来，与之一同倾泻而出的，仿佛还有父亲长久以来的殷切希望。父亲突然瘫坐在了旁边的一把椅子上，脊背佝偻，两眼无神。看到父亲无比憔悴的模样，曹雪芹心中生出了悔恨与愧疚。

曹雪芹意识到，失望的情绪已经折磨了父亲好几天了。父亲可能一直在等待着他回来，向他进行一番尽情的发泄。可在见到曹雪芹的时候，父亲却在短暂的愤怒之后，束手无策。看得出来，父亲的眼神与言辞透露出了无尽的迷茫，他不理解自己的儿子，正像儿子不理解他。

良久，父亲突然开口："以后不用去学校了，在家吧。"父亲将一直在站在门外的仆人叫了进来，吩咐道："带走吧。"

仆人来到曹雪芹面前，轻声道："哥儿，这边走吧。"

曹雪芹以为，自己不过是被领到自己的房间，但是奇怪的是，仆人将自己领到了那个一直无人居住的小院中。仆人向他说道："哥儿，先委屈一阵子吧。"曹雪芹先是一愣，然后踏进了这个小院。身后房门"吱——呀——"一声关上了，然后就是窸窸窣窣的上锁声。

这时，曹雪芹才明白自己的命运：圈禁。圈禁是满洲习俗，即把人软禁在一个房子或者院子中。皇宫中，皇子被圈禁之事屡见不鲜。曹家是满洲人的包衣，自然也会将圈禁视为惩罚子弟的方法之一。不过一般只有在犯了极为严重的过错的时候，才会使用圈禁的方法。恍惚间，曹雪芹仿佛体会到父亲对于自己锥心刺骨的无奈。

屋子中发霉的味道令人窒息，毕竟自打他们迁到这里来之后，这个小院就没有怎么用过。借着昏暗的光线，可以看到屋子里孤零零地摆着一张桌子，一个小凳子寂寥地落满尘土。墙面都有些发黑了，角落里蜷缩着一张小床。当时已是夏天，闷热成为天气的基调。狭小的黑屋子，更是让这闷热显得狰狞。

曹雪芹坐在那个略已破烂的凳子上，久久地出神。生活的节奏被骤然打断，不免令他惊慌失措。他扫视那张落满灰尘的桌子，发现上面竟然有一本黄历。翻开一看，还是雍正六年（1728）的，正是他们搬来的那一年。当年兵荒马乱的记忆，又强行侵入了此时他苦不堪言的心境。

缓过神来之后，他开始思考应该如何应对现在的局面。如果此时向父亲表态自己今后一定专心举业，也许不用过多久，父亲就会将自己放出来。以自己的资质，混一科功名想必不成难题。但是此时的曹雪芹对于在父亲面前忏悔感到难为情，对于科举之后的官宦生涯，他也早已心灰意冷。曹雪芹根本没仔细考虑，便否定了这个想法。

可是如果不向父亲低头认错，自己又能如何呢？曹雪芹毫无头绪，索性歪倒在床上。他眼睛盯着窗户，窗户纸有不少破洞，边缘处一些碎了的纸条，在微风中飘荡，搅乱了曹雪芹的心神。他索性闭上眼睛，可又睡不着。一睁开眼，天已经暗了。

有人来送饭了，饭食通过窗子被推了进来。随即，曹雪芹听到了一阵啜泣。那是母亲的哭泣声，很快母亲出现在窗户后面。母亲压抑不住颤抖的声音："霑儿，认个错吧，听你父亲的话！"

曹雪芹仍然选择了沉默。如果说，在父亲面前沉默，是因为曹雪芹不知道如何回应的话，那么在母亲面前沉默，则是不忍心伤害她。在母亲面前，他可以轻易地打开话语的闸门，既然自己并不打算向父亲投降，这些话岂不让母亲更加伤心？

"你的表哥……平郡王最近受到皇帝的申斥，闭门思过，你父亲在内务府也受到了牵连……霑儿，你多少得体谅体谅你父亲！咱们家的希望可都在你身上了……"母亲此时已经泣不成声。

曹雪芹突然想到，前几天在学中，便听说先朝废太子的儿子弘皙——也就是现在的理亲王——想要谋逆，皇帝不久后便要将其废黜。虽然事属传闻，但是曹雪芹自小生长于官场，明白其实其中相当一部分传闻都并非无源之水，而是置身局中的人有意或无意地泄露。更何况，自己的同学都是上三旗子弟，消息十分灵通。开始曹雪芹将其置诸脑后——亲王倒台，和自己有什么关系呢？

听到母亲告诉他表哥受到了申斥，他才知道，这个案子必定会牵涉广泛。表哥可能和其中某个环节产生了牵连，因而被拉扯到了局中。而父亲是平郡王的舅舅，又是先朝罪人，自然也很容易受到牵连。想到这里，曹雪芹的内心有些慌乱。

等他再次缓过神来，窗外已经没有了动静，母亲已经走了。饭也凉了，他没有吃几口——他突然没有了做任何事情的心情。父亲的斥责并没有将他击垮，可是母亲带来的消息，陡然被抛入他的耳朵，恰似千斤巨石，一开始简直让他难以呼吸。当年的抄家，一直如梦魇一般在曹雪芹心中挥之不去。如今又听闻朝局的动荡，又得知这可能对于自己家的不利影响，他便感到心慌。在赫赫皇权面前，他没有丝毫招架之力。

他将饭碗重新放回窗台，便直接躺在了床上。重重的心事加上燥热的天气，使他翻来覆去，无法入眠。夜深了，他仿佛重新回到了前些天那场宴会上，他又开始清唱，耳边是此起彼伏的叫好声。又仿佛来到了江宁织造署的宴客厅，烛光摇曳，整个大厅中都是金色而柔和的光。他拿起身边的酒杯一饮而尽，突然看到一双纤纤玉手为他斟酒。他抬头，发现那张温柔而带着红晕的脸庞，是他的表妹。

见他抬起了头，表妹的脸上生出了红晕。他只

一间昏黑的小屋，和其中摇曳着的一支可怜的烛光，突然映入他的眼帘，好像有谁佝偻着蜷缩其中。他猛地意识到，那正是他自己。

见过这个表妹几面，但是他将每一次会面都深深镌刻进了脑海，那是他最为珍贵的记忆。他的目光和表妹的目光相遇后，两个人又立刻将视线转移到了别处。耳边突然想起了昆曲的音调，是《牡丹亭》中的《游园》，他一扭头，发现是自己的表妹。曹雪芹内心的欣喜一时间难以用语言表达。

一间昏黑的小屋，和其中摇曳着的一束可怜的烛光，突然映入他的眼帘，好像有谁伛偻着蜷缩其中。他猛地意识到，那正是他自己。

一股巨大的悲伤紧紧地抓住了曹雪芹，他突然清醒。抬起头看了一眼窗户，窗外已经泛白。天气炎热，因为流汗，皮肤有些粘腻。那种粘腻的不适和骤醒的昏懵混杂在一起，让曹雪芹感觉到自己的脑袋无比沉重。他重新闭上眼，贪婪地想要回味刚才梦境中的那种迷醉，但只是徒劳。

他再一次陷入了无所适从的惊慌之中，难道现在要向父亲投降吗？即便投降，重新回到官学，他能获得的只是高头讲章，那种枯燥和刚才梦中的香甜迷醉不啻天壤。他无法调动情绪去向父亲低头。可除此之外，他又能做些什么呢？

窗外渐渐明亮，他无心继续躺在床上。他坐在椅子上，忽然生出了一种欲望，想要将刚才的那个梦用笔描绘下来。梦境一去不返，如能用笔将其固定在纸上，似乎就能永远拥有美梦所带来的那种愉悦，也会让这个梦成为记忆的一部分。

有人来给他送饭了，他让送饭的人去自己的屋子将笔墨拿来，这就开始动笔记录心中的那个梦。

成 书

  仆人不久便将笔墨送来，可笑的是，并没送来纸。曹雪芹转念一想，桌上的老黄历背面正好可以用来写字，也就没让那个有些憨直的仆人再跑一趟。

  曹雪芹提起笔，突然不知道应该如何下笔。如果单纯地将昨夜的那个梦记录下来，写完之后，便立马会坠入空虚。一个想法突然窜入了他的脑海，何不自己动手写一部小说呢？那样岂不是能亲手创造一个梦幻世界吗？在这个世界中，他将没有任何约束，自由自在，不亦乐乎。

  他先试着将昨晚的梦境记录下来，他本以为，这样的记录并不费力。这毕竟不是做八股文章，不需要搜肠刮肚、绞尽脑汁地安排圣贤规定好了的字眼，只需要凭借自己的想象天马行空般写文章。但是当他真正拿起笔之后才发现，想要随心所欲地操纵手中的笔，实属不易。

他总是觉得，笔下的文字是干巴巴的，读起来就像嚼着一碗放了很长时间的白米饭，没有任何滋味的同时，还有些硌牙。他甚至觉得自己的文字亵渎了自己曾经的梦，也怠慢了来到自己梦中做客的表妹。将自己写好的文字段落反复修改了三次，仍然不能让他满意。

一个美好的想法在一开始进入我们的脑海中时，总带有几分魅惑。这个想法会让人相信，将其付诸实践有多么简单，而收获的回报会有多么美好。可当人们抛却顾虑，真正将其付诸实践时，才发现每向前走一步，都会与各种各样的麻烦不期而遇。

曹雪芹有些沮丧地将笔扔在桌子上，发现在被圈禁的日子里，自己的整个生活都仿佛变成了灰色，一件小事都有可能给他游移不定的心态带来沉重的一击。他抱着头趴在桌子上，一呼一吸带起桌上残留的陈年灰土，将他呛得直咳嗽。

对于无聊的逃避，是人们着手做事情的一大动力。没多久他就抬起了头，重新拾起了笔，想要写点什么。他想写一个就像昨夜梦中的经历那样的故事，可以是一个少年，有美酒与美人做伴。可是转念一想，这个故事又庸俗得令自己惭愧。

这个庸俗的故事过于美丽，可美丽的背后隐藏着危险。他决定讲述一个美丽而危险的故事，那将比单纯的庸俗更加吸引人们的注意。故事的背景设定为一个贵族之家，这个家庭外表光鲜亮丽，可是内部却在酝酿着罪恶，这个家庭中的成员均为酒色之徒，为了满足内心的欲望，无所不用其极。

故事中，长子沉迷酒色，身体也因之羸弱。就在父母手足无措的时候，家门口出现了一个道士。这个道士自称可以治病，所以像救星一样被请进了家。这个道士拿出了一面镜子，名为"风月宝鉴"，说只要让病人持续地照镜子的背面，就能治好病。

长子如获至宝，将镜子翻转，一具恐怖的骷髅突然出现在眼前。长子吓得差点将镜子扔掉，情急之中将镜子翻转过来。镜子的这一面，有一个美女，凝眸转盼，红袖招人。长子一跃便进入了镜中的温柔乡。

没过多久，他病情加重，一命呜呼。他的父母伤心欲绝，他们打算将道士鞭打一顿，再将这块害人的镜子销毁。道士却十分不平：明明是病人错用了宝镜，却说是宝镜害死了病人。道士将宝镜抢走，然后消失不见。之后，这个大家族后继无人，无可避免地衰落了。

曹雪芹花费不少时间进行构思，最终才想出了这个故事的骨架。他一开始对于自己的想法颇为满意，可是转念一想，内心又犯起了嘀咕：最终这个故事变成了一个道理，即让人不要沉迷酒色。这样一来，自己不就和一本正经的教书先生没有什么两样了吗？

但是他又实在不清楚，如果不这样讲故事，那又该讲一个什么样的故事呢？他反复思量，忽而觉得这样容易呆板，忽而又觉得"风月宝鉴"这个想法也还不错。他难于决断，不过也并不焦虑。毕竟圈禁的岁月里，他有的是时间来应对这种矛盾。

反复思量一段时间之后，他决定还是按这个构思先写下去，也许在写作的过程中，会产生出新的想法呢？一味地空想，不如信马由缰。

　　写作的过程比他想象得要枯燥多了，不过这种枯燥却并非没有意义。曹雪芹的无聊和焦虑，被这种枯燥冲淡了。无聊和焦虑不会诞生任何成果，而这种枯燥却多少可以换来一些写作的成果。

　　平时，母亲会来看望他，刚开始，母亲总是控制不住自己的眼泪。但是慢慢地，她可能逐渐意识到，自己的儿子和丈夫一样无情。这种无情使得儿子对于自己的苦苦哀求无动于衷。之后，母亲便收敛了自己悲哀的情绪，只是时不时地来到窗前和曹雪芹聊聊天。

　　时间来到了秋天，院子里的树上挂满了黄色的叶子。院子中刮来的风也干爽了许多，曹雪芹可以不用在夜晚忍受那种粘腻的梦。一日母亲来到窗前，忧形于色。她对曹雪芹说："有件事你要知道。"

　　曹雪芹靠着窗户，轻轻问道："什么事？"

　　"理亲王谋逆被抓了，平郡王也闭门思过，你父亲也……也丢了差事。"

奇怪的是，母亲竟然有些平静，但是声音中的些许颤抖还是暴露了她内心的痛苦与不安。也许母亲已经花费了好几天的时间，来平复内心的波澜。

"哦……"曹雪芹又陷入了一种不知作何回答的境地，他的内心也突然失去了平衡，一种不祥的预感突然涌上了心头。他想有必要询问一下父亲的状况："父亲可还安好？"

说到这里，母亲心中的防线似乎溃败了，带着哭腔回答道："你父亲又生气又烦躁，前几日还病了，不过这两天已经好多了。"

"请母亲替孩儿问候父亲，也望母亲多珍重。"

这时母亲似乎再也阻拦不住悲伤情绪对于内心的占领，她一声一声地啜泣起来，向曹雪芹嘱咐道："霑儿也多保重，我会找机会和你父亲说，让他早日将你放出来。"说完便向寝房的方向走去了。

他不知道父亲最终会发展成为什么状况，但是目下，他就像是翻涌着波浪的河流中，努力漂浮在水面的一片苇叶。身不由己，随时都有被波浪吞没的可能。江宁抄家时的画面，突然又在他的脑海中闪现。四肢的乏力呼应着内心的无力，他颤抖了起来。

接下来的一天，他都是躺在那张散发着潮湿味道的床上。他本来早已适应了这种味道，但是近日下过几场雨之后，那种味道就变得更加浓烈。曹雪芹却近乎贪婪地呼吸着这种味道，渴望这种潮湿引起的不适感占领整个内心，这样就可以暂时忘却目前的苦楚。

父亲似乎铁下心来不放曹雪芹出来，也许他早已对曹雪芹失望了。曹雪芹对于外面世界的印象也开始慢慢淡化了。他有时想，如果能一辈子待在这个黑暗的小屋中，未必是一件坏事。在外面的世界闯荡，可能更加心力交瘁。

他一开始将全部的热情放置在小说的写作上，可那种过于旺盛的热情是不可持续的。后来他逐渐开始练习书法和绘画。独自一人幽处，虽然没有人在身旁指点，但是之前所获得的长辈们的指导有的他还没有消化，正好利用现在的闲暇反复地品味与练习。

在终日见不到人、终日也说不了一两句话的情况下，曹雪芹只能借助于自己的笔，让纸张成为自己的倾听者。

当听到母亲带来的坏消息时，曹雪芹心乱如麻，不知所措。自从被圈禁以来，他从来没有像现在一样，渴望着向一个人倾诉内心的想法。他想告诉别人自己的身世，自己半生所经历的波折。

他现在已经确信，曹家往日的荣光是再无回返之日了。他想要随便抓住一个人，告诉他，他们这个家族是如何在短短的十几年时间里，从光辉的顶点跌落到现在这个境地的。他不渴望听者能够理解，甚至猜到听者可能会幸灾乐祸，但他就是想要诉说，否则就有一种无法呼吸的感觉。

在终日见不到人、终日也说不了一两句话的情况下，他只能借助于自己的笔，让纸张成为自己的倾听者。长日多暇，他有充分的时间酝酿自己的想法与情愫。

他重新拿起了自己的小说文稿，小说的主体架构已经写完，他发现这个自己本来在写的故事，从一个角度来看，是一个家庭中的父子因为沉迷酒色而遭到报应的故事，但是从另外一个角度来看，这也是一个家族衰败的故事。这种衰败和曹雪芹的经历产生了暗合，看来人们总是在下意识地书写自己的故事。

他想改变自己的思路，用更为细致的笔触去描写这个家族衰败的具体过程。他认为这要比单纯地讲述一个报应故事更为深刻。这个想法产生之后，他便立刻投身于具体的写作之中。

他想慢慢地潜入自己所创造的那个小说世界，却并不顺利。因为有时会突然卡在某个细节上，久久无法脱身。他每天都花很长的时间来写作，累了，便写字，绘画。实在厌烦了，便躺在床上，一动不动。

他没有想到，这样的生活，竟然持续了两年。只是在伯母等亲人去世时，才短暂地瞥览一番墙外的世界。

宗　学

父亲在那两年里，被难缠的疾病与失落的情绪击垮了身体。母亲屡次哀求父亲，要他将曹雪芹放出来，可每次得到的都是冰冷的拒绝——彻底的失望溢于言表。

父亲最终一病不起，请来的医生都表示已回天无力。父亲弥留之际，母亲将曹雪芹接了出来。曹雪芹见到了病榻上的父亲。父亲已经睁不开眼睛了，曹雪芹双膝一软，跪倒在病榻之前。

虽然自己被父亲关了两年多，但是面对即将永别的父亲，曹雪芹还是悲从中来。眼泪悄悄地从眼角流淌出来，他的眼前模糊一片，脑海里却是一幕幕过去的生活场景。无论如何，父亲都是自己过往生命中的一部分，而这一部分将永久地从他的生命中脱落。

他开始一声声地呼唤着"父亲"，这种呼喊夹杂着身边人的哭声，在卧室里长久地回荡。父亲似乎听到了他的呼喊，将头微微地移向曹雪芹。曹雪芹擦干眼泪，想要将父亲最后的模样深刻地刻印在脑海。他看到父亲的眼角也流淌出一行清泪。

父亲去世了，曹家似乎一瞬间陷入一片混乱的状态。母亲趴在父亲身边埋头痛哭，家中为数不多的仆人也在床边，挤出一声声干哑的号叫。他们都将目光投在了曹雪芹的身上，从现在开始，他便是一家之主了。他首先面对的大事，就是要将父亲埋葬。

曹家现在的仆人大多都没有什么文化，曹雪芹只能自己写讣闻，向京城中为数不多的本家以及亲友发送。然后就是和母亲商量葬礼的形式，母亲此时早已失去了主心骨，在这方面，已经无法给曹雪芹提供太大的帮助。曹雪芹只能和家中的几位仆人商议葬礼的流程。

家里人前几天便预备好了棺木，财力所限，只能像一般人家一样，选用松木棺材。父亲的遗体入殓之后，棺木摆在了正房之中。此时已经有一些邻居和本家前来吊丧，并且帮着曹雪芹干一些杂活。

第二天一早，平郡王前来吊唁。平郡王此时虽然顶着"议政大臣"的赫赫头衔，实际上并没有什么权力。如今皇帝并不愿意让宗室王公握有太大的权力，不过平郡王似乎并没有表现出不得志的感觉。曹雪芹见到他时，能感受到他真诚的哀戚。

直到这时曹雪芹才体会到了当家的不易，大大小小的事情都要操心。既要接待客人，又要为丧葬的一应流程做好准备，还要出去看墓地。父亲去世之前，他一直幽禁在家，所以无法提前去祖坟确定父亲长眠之地的具体位置。

曹家的祖坟在通州张家湾，自祖上从龙入关之后，那里便是正白旗的坟茔所在地。曹家的祖辈均安息于此，早年他们家在祖坟周围有几百亩土地，还有当铺，一是为了有人看守祖坟，二是为了从江南入京时，在通州有一个歇脚之地。如今，所有的财产都已抄没，只有一个个墓碑、一座座坟茔荒凉地矗立在那里。

父亲的灵柩在家中停放了七天，到了出殡的日子，忙活了一上午之后，曹雪芹从家人手中接过一个瓦盆，跪在灵车前面。在他的前面，放着一块砖头。曹雪芹高高举起瓦盆，用尽平生气力，将瓦盆摔得粉碎。一声清脆的破裂声后，曹雪芹和家里人号啕大哭。伴随着这哭声，父亲正式上路了。

前面有吹鼓手引路，两旁人搀着曹雪芹缓缓地朝东边的城门走去。一路上，时不时有路人驻足观看。曹家人的悲欢，在这些路人眼中，不过是时常见到的热闹。

到了城门，亲友散去。早就雇好的骡车，载着曹家人以及父亲的灵柩，赶往通州张家湾。父亲的灵柩被安放在小小的坑穴之中，父亲跌宕起伏的一生正式结束了，想必父亲已经获得了永恒的安宁。

曹雪芹的眼前，浮现出与父亲有关的一幕幕场景。父亲在他的脑海中，总是冷冰冰的形象。直到如今亲手埋葬了父亲，曹雪芹才体会到了父亲形象中所蕴含的庇护意义。父亲虽然严厉，但是曹雪芹不必独自面对这个险恶的世界。父亲走了，自己就必须独自面对。

晚上，在曹雪芹家，摆了几桌宴席，以感谢那些为父亲的葬礼出了力的亲友。平郡王也来了，席间，平郡王询问起曹雪芹之后有何打算。曹雪芹一脸茫然。平郡王倒是留心了这个问题，他虽然不在朝中担任什么实际职位，但仍然是镶红旗旗主。他为曹雪芹在右翼四旗的宗学谋得一个教习的位子，但不知曹雪芹愿意与否。

曹雪芹欣然同意，并对平郡王的好意表示感谢。无论如何，生活要继续，就必须有一个职位，否则便只能依靠内务府所发的微薄津贴度日。如今家中储蓄与收入日渐减少，曹雪芹不得不对未来的日子有所谋划。

曹雪芹和母亲商量，将家中的仆人遣散。母亲因为父亲的去世而过分悲伤，身体愈加衰弱。母亲似乎也意识到了自己将不久于人世，但是她还有两件事放心不下：一是儿子的婚事，二是儿子的出路。

听说平郡王为儿子在宗学谋得了一个差事，母亲苍白的面孔上顿时生出了血色。母亲对曹雪芹说："把你的婚事办了，我就能安心去见你父亲了。"曹雪芹泪如雨下。

曹雪芹知道，父亲和母亲之前的理想儿媳，恰恰是出现在自己梦中的表妹李氏。李氏是舅爷李煦的外孙女，同样自小便经历了抄家之难。李氏曾经嫁过人，丈夫不幸去世，现在守寡。时易世变，曾经的公子小姐潦倒穷困，拥有着相同的命运。如果能与表妹结合，曹雪芹的沉沦人生将增添少有的安慰。

李家在雍正元年（1723）就被抄没，他们经历困苦的时间比曹家还要长。长久的苦难早已压垮了他们对于生活的期望。所以当曹雪芹的母亲央人去李家询问他们的意愿时，李氏的母亲并没有怎么犹豫就答应了下来。同是天涯沦落人，他们并不在乎曹家江河日下的境况。

曹雪芹有热孝在身，婚事当然不能立刻举办。婚姻大事议定之后，曹雪芹又要考虑宗学之事。曹雪芹到表哥家跑了几趟，表哥不是不在，就是没空，没法带着他去见宗学的教长。不过曹雪芹因为守孝，不能立即赴任，所以晚些也没有关系。

平郡王终于找到了时间带曹雪芹去宗学，宗学中的教长见到平郡王到来，非常客气，笑眯眯地打量着平郡王和曹雪芹。由于是提前便说好的，所以很快就将曹雪芹来宗学担任教习的事务谈妥。曹雪芹于守孝百日之后结婚，完婚之后便到宗学上任。

百日的时光倏然而过，曹雪芹逐渐从父亲去世的悲伤中走了出来。母亲提前和李家商量了完婚的日期，母亲急于早日将这件事情办妥。曹雪芹能看出母亲的衰惫，但他并不知道，上天留给母亲的日子不多了。母亲对此早有预感，她不断催促曹雪芹早日准备婚礼。婚礼要曹雪芹自己操办了，衰弱的母亲有心无力。

被圈禁了两年的曹雪芹早已认清了自己的命运，他不会因为寒酸而脸上无光——他也实在无法支撑起一场风光的婚礼。他并不担心李氏会心有芥蒂，他了解这位表妹，自幼经历的苦难使得她早早地形成了恬淡的性格。青年守寡又让她看清了自己人生惨淡的底色。嫁给曹雪芹，他们便可以相互依靠，共度残年。

表妹过门的那天，曹家呈现了少有的热闹。平郡王清楚舅母家日子的艰难，所以派人来提前布置了一番——对一个王爷来说，这不过是举手之劳。

曹雪芹也有很长时间没有见到表妹了，当日晚上，当一切都寂静下来，他却不知如何开口。恰像《西厢记》中的唱词："不见时准备着千言万语，得相逢都变做短叹长吁。"烛光模糊了表妹脸庞的轮廓，让他分不清自己是做梦还是清醒。

新婚不过几天，曹雪芹就要前往宗学上任了，毕竟他现在除了母亲，还有妻子要供养。

来到宗学之后，前些日子在教长脸上见到的笑容消失不见，似乎转变为了冷漠，又带有几丝鄙夷。毕竟曹雪芹身上没有什么功名，他只不过凭借着自己表哥的权势而被硬塞入宗学中的。自认为担纲儒学大业的教长们，自然不会把他放在眼里。文人相轻，自古而然。

曹雪芹却也未将这些自视甚高的教长和教习们放在眼中。家道的衰败，以及数年的幽禁，早已让他认识到，那些圣贤书中的道理，面对现实中的风雨时，往往起不到什么作用。成日里，摇头晃脑、装模作样的教与学不过是功名之路上的一块敲门砖。

不过，宗学中的子弟，多出身于家境并不宽裕的宗室家庭。那些宗室中的王公贵胄，都会在家塾中教育子弟，是不会将自己的子弟送到宗学中来的。所以很多宗学中的子弟，是十分珍视宗学中的学习机会的。

正是在宗学中，他认识了一对兄弟。这对兄弟的名字分别为敦敏与敦诚，是阿济格的五世孙。阿济格是太祖努尔哈赤的第十二子，清初摄政王多尔衮的胞兄。阿济格在开国时屡立战功，封英亲王，地位显赫。多尔衮死后，阿济格觊觎摄政王之位，遭到了执掌国政的王公大臣的反对。最终，阿济格被削爵幽禁，直至处死。

阿济格死后，其后人再也无法享受开国功臣后裔的待遇，地位一落千丈。也许因为同是天涯沦落人，曹雪芹和敦敏、敦诚兄弟惺惺相惜。加上曹雪芹身上所体现的不羁的才情，更是获得了敦敏与敦诚的青睐。

不过，敦敏、敦诚兄弟和祖上相比，虽属落魄，但是毕竟仍属宗室成员。他们的府邸在内城，还有一个花园，经济条件自然要比曹雪芹好上许多。所以他们时常将曹雪芹请到家中，谈文论艺，切磋诗画。或将他引荐给一些雅好文艺的八旗子弟，这些人与曹雪芹往往也能一拍即合。

敦敏兄弟虽然为曹雪芹的生活增添了一抹亮色，但是并没改变曹雪芹黯淡的生活。自从曹雪芹的婚事办完，同时就任宗学教习之后，母亲的身体越来越差。曹雪芹本以为这两件事情办妥之后，会令母亲不再过分操心，也许有助于母亲的健康。可是母亲在经历了人生的诸多风雨之后，已经筋疲力尽。她用尽最后一丝气力，帮助儿子完成了婚事，之后便病倒在床。

曹雪芹每日在宗学中提心吊胆，课程结束，便立马赶回家中。曹雪芹为数不多的收入，也大多消耗在了为母亲看病和抓药上。妻子每日在病榻边操劳，吃不好也睡不好，脸色同病床上的母亲一样苍白。曹雪芹看到后，无比心酸。

这样的日子过了一两个月，转眼间，便快到春节了。本来曹雪芹盼望着春天早日到来，那时母亲的身体也许会有所好转。但是眼见母亲精神日渐萎靡，曹雪芹隐隐察觉，母亲也许挺不过这个寒

曹雪芹一个劲儿地呼喊着病榻上的母亲，母亲的声音微弱而颤抖："善待你的媳妇！"

冬了。

刚过腊月二十，宗学中还未放假，京城中的年味已浓。曹雪芹从宗学归家的途中，特意绕路去前门，打算置办点年货。说是年货，以目前的经济状况，也只能多买些蔬菜、豆腐之类的。想起家中最近都不怎么吃肉了，曹雪芹犹豫了半天，买了半斤肉。

回到家中，曹雪芹看到妻子满脸焦急。几位邻居也在母亲的病床前，曹雪芹感到不妙，将年货扔在了一边，挤到母亲的床前。此时的母亲，已经消瘦得只剩下骨头。母亲的嘴唇这时呈现出令人感到恐怖的白色，费力地蠕动，努力要说出些什么。

曹雪芹已很难控制自己的情绪，他一个劲儿地呼喊着病榻上的母亲。妻子在一旁，让他不要再喊，努力听母亲想说些什么。曹雪芹止住呐喊，任凭泪水落下。他努力地听着，母亲的声音微弱而颤抖，但是他听懂了母亲的意思："善待你的媳妇！"

没过多久，母亲本来就不明亮的眼睛熄灭了最后的光芒。此时的曹雪芹虽然十分悲痛，但是生活早已将他锻炼得临危不乱。他用滴满了眼泪的双手，帮助母亲合上了双眼。从此在这个世上，只有妻子与他相依为命了。

曹雪芹环顾此时的居室，除了一些最简单的陈设之外，一无所有。桌子旁的茶几上覆盖着一层灰尘，显示着这个家庭的萧索。曹雪芹想起自己的幼年，那时的曹家锦衣玉食，父母对儿子、对家庭充满了期望，他们无论如何也想象不到这个家庭如今的结局。

曹雪芹想，自己之后又会有什么样的结局呢？

辞　职

母亲的丧事正赶上了春节，城区中的热闹和曹雪芹夫妇无关。家中亲人凋零殆尽，想必以后的节庆日子，也会如此萧瑟。

教习的薪水虽然微薄，维持家庭的温饱不成问题。但是曹雪芹总觉得，这样过日子，未免浑浑噩噩。白天在宗学中，讲授一些他自己都不太相信的儒家义理，监督学生们背诵、习字。下午回到家之后，便无所事事。他决心一定要寻找一些事情来充实自己的生活。

他忽然想起了自己被圈禁时写的那部小说，于是跑到自己被圈禁的那个小屋子中。解除圈禁明明还不到一年时间，曹雪芹却觉得过了好久好久。在这期间，他的父亲和母亲相继去世，自己又娶妻，并找到了一份糊口的营生。这些事情接踵而来，令曹雪芹没有找到任何喘息的机会。

他又走进了那个曾经圈禁他的小屋。虽然这也是他家里的一部分，但是他也很久没有来到这个小屋子了。一堆书稿猛然间映入眼帘，上面已经堆积了一层尘土。他又回忆起在这个小屋中的日日夜夜，在这里的苦闷与无聊，还有决定动手写作小说时的兴奋，以及由此带来的痛苦。

这几日，他因守孝，不用日日去宗学中点卯。长日寂寥，他便坐在小屋中，拿起旧稿一页页翻看。当初他决定写作一部小说是出于一时之兴致。兴致虽然很快就消失，曹雪芹还是坚持将这部小说写完了。此时翻看，颇觉文字稚拙，结构简陋。曹雪芹从头到尾翻阅一遍，冷笑一声，将其掷到一边。

他又翻到了曾经写的字，以及混杂在其中的绘画习作。这些大字和绘画，反倒令他眼前一亮。最近的劳碌使他无心于这些优雅之事，此时此刻，倒颇有些技痒。他取来了笔墨，想要写几个字，简单画两笔，却发现再也寻找不到合适的心境，下笔时，总有几分焦虑不安。

曾经被困小屋之时，虽然单调，但是小屋之外还有父母，他并没有为将来之事操心的必要。如今虽有自由之身，却须独自面对晦暗的未来，他的内心时常翻涌着焦虑。

天色渐黑，曹雪芹离开了这个晦暗的小屋。关门时的"吱呀"一声，将曹雪芹从圈禁的回忆中拉回现实。妻子已经做好饭，桌上摆好了米粥、馒头，还有一点咸菜。此情此景，让他不免悲从中来。并非他吃不惯这粗茶淡饭，只不过和过去相比，这巨大的落差，实在令他心里不是滋味。

守孝期一过，他又要去宗学给学生们上课了。他发觉自己内心竟然对此产生了几分抵触。他能感觉到，宗学中的教长以及其他教习，似乎并没有将他放在心上。曹雪芹对于自己的处境并非不清楚，在那些出身宗室的教长面前，他是一个破落的包衣。而在那些汉人教习面前，他又是一个没有任何功名的落魄书生。这些人在他的面前，都能找到足够的优越感，不免将不屑挂在了脸上。

可是曹雪芹没有任何办法，想要糊口，就必须要寻找这样一份工作。好在学生中，有他的知己敦敏兄弟。在他守孝的期间，这对兄弟还偶尔前来探望。与这对兄弟的日常会面，是他继续在宗学担任教习的最大动力。

曹雪芹去学校上课的前一天，敦敏、敦诚兄弟来到他家。他们邀请曹雪芹第二天放学之后，去他们家赴宴，两兄弟自然是想帮他缓解母亲去世所带来的沉重情绪。曹雪芹转向妻子，妻子则只是微微一笑，曹雪芹便知道妻子并无意见。

第二天曹雪芹来到宗学，满心盼望着黄昏的到来。下午宗学放学之后，正欲收拾东西去敦敏兄弟家赴宴，却被宗学的教长叫住了。曹雪芹不知何事，虽然颇觉厌烦，但也只能应付。

教长的脸上露出了微笑："听闻雪芹兄擅长书法，现有一不情之请，不知雪芹兄可否略施援手？"

曹雪芹面对眼前的这张笑脸，心知所谓的"不情之请"其实是不容推辞的要求。只能勉强答道："还望直言。"

教长依然是那一副笑脸："宗学中一位学生素

日仰慕先生的书法。不知雪芹兄能否拨冗写五十张大字赠予这位学生。"说着，拿出了几张写好的大字："这是这个学生平日所写字帖，还望雪芹兄稍为临写。今日写完后，直接交给宗学中的仆役即可。"说完，教长便飘然而去。

教长的那副笑脸在脑海中久久萦绕，他首先想到的问题，不是怎么写这五十张字，也不是要不要写，而是这个要求为何会猝不及防地出现在自己面前。既然此学生喜欢自己所写的字，又为何令自己去临写这个学生平日的笔迹？何况自己所写的字，在诸多教习中，也并非最为出众，何不请他人来写？

曹雪芹百思不得其解，短暂犹豫过后，觉得自己不得不完成教长的任务。此时，另外一位教长正要离开宗学归家，见曹雪芹还未走，就打了声招呼。曹雪芹便向这位教长打听为何宗学中会有如此任务。这位教习平日还算忠厚，也较为同情曹雪芹的处境，便将内情告知。其实是宗学中的一位贵公子，因为父亲从外地归家，要检查平日里的功课。这位贵公子便求宗学中的教长替他完成一部分习字的课业。

这位忠厚的教习虽然不忍曹雪芹受到这样的对待，但是对于事情的来龙去脉，也只是语焉不详地说了一个大概，对于曹雪芹要不要接受这个任务，不置可否。客套了一番后，匆匆离去。

曹雪芹在得知真相之后，内心如波涛翻涌，一时不知所措。他呆呆地望向窗外，倍感压抑。那位让他写字的教长的笑脸，在脑海中若隐若现，无比狰狞。虽然这只是一件小事，却是教长对于他的试探，或者说是挑衅。如果自己默默承受了，日后处境定会江河日下。如果自己表达不满，则会受到教长和同僚们的孤立。

天色渐渐暗了下来，他仍然在书桌之前犹豫不决。突然，从门外探出了一个人，是敦诚。二兄弟久等他不来，敦敏便让敦诚前来打探发生了什么事情。曹雪芹原原本本地将自己的遭遇向敦诚讲了出来。敦诚听了之后，也乱了阵脚。此时的敦诚，不过是一个十二三岁的少年，和当年曹家被抄时曹雪芹的年龄相仿。在人情世故面前，敦诚更是毫无经验。

曹雪芹犹豫了一下，便将心一横，对敦诚说："我不写了。"敦诚听了之后，郁结的脸色稍微舒展，却没有完全将担忧抹掉。他知道曹雪芹这样做，一定会得罪那位教长。

曹雪芹遇到这样的事情，又如何能敞开心怀，所以当晚在敦敏家的槐园中，他不似之前那样无忧无虑。敦敏从弟弟那里听闻曹雪芹的遭遇，大声抱怨了两句，接着就是一通长吁短叹。两兄弟身为罪宗之后，从小便体会了人情的冷暖。没什么人在意他们，他们反而养成了无羁而豪放的性格。但是豪放中又掺杂着一些谨慎，生怕无意中触犯了谁的忌讳。如果家中某位仆人听了去，又将其传播开来，就是不小的麻烦。在一片沉默与无奈中，晚饭吃得索然无味。

第二天，那位教长见到曹雪芹，依然带着笑容，并没有什么激烈的反应。但是曹雪芹能感觉到一种微妙的变化，之前教长和教习们都是在无意中泄露了对曹雪芹的不屑。可现在慢慢地，他们似乎不屑于再隐藏这种不屑。

而在这群衣着光鲜而又满怀优越感的人物面

前，身着敝衣缊袍的曹雪芹内心同样复杂。他并不在意这些人的鄙夷与不屑，可他身体内流淌的贵公子的血液，又令他控制不住生出愤懑之感。他尝试着豪迈，努力地豁达，但是他发现自己终究也还是个凡人，无法完全控制住自己的情感。

不过一开始他还是选择忍耐——无非是为了糊口。他是平郡王的亲戚，说到底，那些人是无奈他何的。但是那些人在日常的工作中，极尽排挤之能事。他们可以在说话的时候阴阳怪气，也会在工作中吹毛求疵。随着时间慢慢流逝，再豁达的人也会不堪其辱。

曹雪芹深切地感受到命运的不公，也深切地体会到了权力的可怖。命运与权力，将他从众人瞻仰的位子上粗暴地拽下，又让他在人生的低谷中反复受到污辱。

经过几个月这样的生活，他终于忍无可忍，打算放弃教习的身份。在宗学所受的折磨，实在比衣食无着更为痛苦。他终于向主管宗学的教长提交了辞呈，在教长还没反应过来的时候，便坚定地离开了宗学。

他拜会表哥的时候，向表哥告知了自己已经辞职的事实。表哥听了之后，只是轻声地询问，他以后作何打算。曹雪芹告诉平郡王，自己还有书画的手艺，也许能以此过活。平郡王不发一言，反倒令曹雪芹有些好奇。曹雪芹抬头仔细看了看这位表哥、这位显赫的郡王，发现他也苍老了许多。此时平郡王不过四十岁，而曹雪芹也已过了而立之年——一转眼，他来到京城将近二十年了。

曹雪芹就这样过起了无拘无束，也无依无靠的生活。这些年，他一直没有放弃过练字和作画，所以写出的字，画出的画，颇令人眼前一亮。京城中的一些贵公子，平日里附庸风雅，见到曹雪芹的作品也不会吝惜手边的几两银子。所以曹雪芹的生活尚还不错，再加上平郡王过年过节时，不忘周济这位落魄的表弟。曹雪芹的生活，并没有跌入万劫不复的深渊。

乾隆十三年（1748）冬天，平郡王福彭病重。曹雪芹去探望了几次，能看出表哥已经心力交瘁。表哥幼年时本是当今皇帝要好的朋友。雍正末年又被委以重任，众人皆以为前途无量。但是当今皇帝继位之后，借口弘皙图谋不轨，或明或暗地剥夺了宗室王公手中的权力。平郡王虽然安富尊荣，终究是意难平。皇帝又密切关注着这些曾经手握重权的王公的举动，所以他又怎能轻易表明自己的心迹？他努力克制自己的心绪，因此未老先衰，最终疾病缠身。

不久，平郡王薨殁，曹雪芹在京城中最后的依靠消失了。见证了平郡王的经历，曹雪芹对于京城的生活已经心灰意冷。恰在此时，乾隆皇帝西南用兵失利，因久久无法攻占大小金川那些用石头堆砌的城堡而龙颜大怒。他下令在京城西北香山脚下，按照大小金川当地的样式，修建一些城堡进行攻城演练。同时抽调精锐士兵，组建云梯营，前往西山训练。那里正是正白旗的领地，所以朝廷鼓励正白旗的旗人前往该地定居，充实那里的人口。

曹雪芹厌倦了京城的生活，便索性向内务府提出，自己愿意前往香山定居。于是内务府分给了他一处小院和几亩田地。他和妻子简单地收拾了一下家里的物件，便毅然地告别了他将近二十年的定居之地。

从京城向西北进发，走大约一个时辰的路程，便来到了海淀。这里风景秀丽，皇室和王公大臣在这里修建了大片的园林。过了畅春园、圆明园、静明园等皇家园林，就来到了香山脚下。他将要定居的地方在一个小小的山窝，举目便是满眼青翠。

　　不远处，是一座座石头堆砌的城堡，士兵们操练的声音清晰可闻。那种声音和城市中嘈杂的市声截然不同，总能带给人一种激昂向上的力量。在刚刚定居的几天里，曹雪芹甚至幻想着，下半辈子就靠着自己的双手，在那几亩田地上讨生活。但是曹雪芹从来没有种田经验，一时无从下手，不久便放弃了这个想法。

　　没过多久，云梯营的士兵便开赴前线了，他们将跋涉千里之遥，去川西地区平定几个当地的土司。曹雪芹的生活顿时寂静了下来，仿佛一下子从前一阵所享受到的安宁之中被甩了出来，再次迷失了方向。

悼 红

　　迫于糊口的压力，曹雪芹再次拿起了笔。他偶尔画一幅画，或者写一幅字，隔一段时间，便去城里换些散碎银子。和表哥平郡王健在的日子相比，他的生活更加困顿。敦敏兄弟虽然也能偶尔周济，但是两兄弟家本来便不宽裕，心有余而力不足。

　　大地回春，天气忽冷忽热。曹雪芹便是在这明媚的日子里生了一场大病。一开始，似乎只是着了凉，曹雪芹并没有在意。他的身体日益酸痛，头脑日益沉重。妻子摸了摸他滚烫的额头，顿时心慌意乱。邻居为曹雪芹请来了一位郎中，乡间的郎中毕竟水平一般，草草开了几副药了事。

　　躺在床上的曹雪芹有时因为高烧而陷入一种半

　　面对满目的苍翠，聆听着山林中此起彼伏的鸟鸣，他感到自己
的一生已经找到了归宿。

昏迷的状态，意识好似春天的风筝一样飘忽不定。他有时觉得自己回到了江宁，重新过起了钟鸣鼎食的日子。很快他稍微清醒，意识到此时自己在北京的西郊，贫病交加。他时而陷入对于死亡的恐惧，却又偶尔迸出索性一了百了的想法。面对影影绰绰的死亡，恐惧和坦然竟携手而至。

他决定做点什么。

病中的曹雪芹渴望着外面的世界，可他只能躺在床上，盯着屋顶的檩条打发无尽的时间。天气逐渐转暖，他的身体逐渐恢复，他终于可以下地。下地之后，他便迫不及待地要去附近散步。

清早的空气还有几分凛冽，他出门之后，向西北进发。绕过军营，没走多远，就来到了香山脚下。此地树木茂密，溪水潺潺，空气中弥漫着一种沁入心脾的清香。这种迷人的芬芳赐予他惬意的感觉，安慰着一直处于紧张状态的他。

面对着满目的苍翠，聆听着山林中此起彼伏的鸟鸣，他感到自己的一生已经找到了归宿。他不用时刻保持对于世事的警惕，往日的翻云覆雨似乎已经成为一场可有可无的梦。

一直以来，有关金陵的少年回忆总令他体验到一种痛彻心扉的撕裂感。可如今，山林中的景色、声音、气味似乎将内心中的伤口缝合，他可以平静地回顾那段模糊的少年生活了。

忽然间，他停住了脚步。他看到了一块巨大的岩石静静地躺在山谷之中，石头中间裂了一条缝，裂缝中竟然长出了一棵松树。松树顽强，似乎生生劈裂了石块。但是松树又与这块巨石紧密相依，就像从来没有打算分离一样。曹雪芹的心弦被陡然拨动，他体验到一种难以名状的情愫。

曹雪芹想，这块石头也许盘古开天辟地的时候就已经矗立在这里了。而裂缝中的这棵树呢，应不过几十年。也许这棵树还能再生长上百年，终有一天，这棵树会离开这块巨石的怀抱。到那时这块石头该会有多么寂寞。

人世的生死浮沉，和这棵生长在石头中的树又有什么区别呢？那些令我们欣喜的荣华富贵，在这块永恒的巨石面前，不过是电光石火。而那些令我们沮丧的贫贱落魄，又不过是最为常见的人生样态。无论是前者，还是后者，我们最终都将一无所有地直面死亡。

曹雪芹的万千思绪在脑海中萦绕，却寻找不出一条线索。情感在内心冲突，思想也寻找不到合适的方向。他索性在这块石头旁边坐下来，闭上眼睛。在深深呼吸了几口气之后，内心恢复了几许平静。

他再次感受到要做些什么的冲动，就当是对自己内心挣扎与冲突的一个交代。他的脑海中，最先想到的，便是自己曾经在圈禁期间写的那部小说。那部小说虽然涉及家族的荣华与衰败，但曹雪芹认为，这根本没有表达出内心思绪之万一。

他想要寻找的是个人与家族沉浮背后的东西。就像眼前的这块石头一样，代表的是一种谁也操控不了的永恒。无论是悲还是喜，我们都无法超越这种永恒。曹雪芹的困惑在于，能不能通过一部小说来表达他的这种思绪。

他不知在这块石头旁边坐了多久，猛然发现时间已近正午。阳光透过斑驳的树叶洒向地面，为原本清凉的山谷带来了几分燥热。曹雪芹还未吃早饭，肚中已是咕咕乱叫。他站起身来，朝家的方向走去。回到家中时，已是正午。他看到妻子的脸上略显焦虑，是在担心一上午未归的自己。自从他生病之后，妻子便一直提心吊胆。

可他顾不上安慰妻子，便一头扎进堆放杂物的厢房之中。翻出那部已经泛黄的小说稿，灰尘的味道让他连声咳嗽。妻子尾随而来，不断地催他去吃饭。他草草吃完饭，便又拿起了那部小说稿子。看着自己曾经的幼稚笔触，哑然一笑。

旧稿和自己现在的想法相去甚远，对其修改也几乎是另起炉灶。既然如此，为了倾注自己的情感与困惑，不如将自己的记忆融入这部小说中。之前几乎没有人在不登大雅之堂的小说中，显露自己的情志，言志抒情本就与小说无缘。但是曹雪芹想，自己为何不能这样做呢。

那块巨石，和那棵石上松的形象挥之不去。如果巨石是永恒的象征，那么石上松便代表了世界中的凡人。不如就让一块石头去见证人世的兴衰吧，书名索性便叫"石头记"。

曹雪芹所见的小说，或是敷演帝王兴衰，或是讲述豪杰气概，或是描绘风流韵事。帝王与豪杰的事迹距离曹雪芹的生活太远，曹雪芹在金陵的生活似可标榜风流。但描绘风流之事的小说，往往流于艳荡，并非曹雪芹所喜。不过板起面孔去陈说除情去欲的儒家教义，更为他所深恶痛绝。

此时，曹雪芹发现，自己因为长时间的思考而头昏脑涨。又因为上午走了很长的路，双腿有些酸痛。曹雪芹的心情还是很舒畅的，他至少寻找到了今后用力的方向。

曹雪芹好久没有像今日这般劳心劳力了。略感疲惫的他打算上床休息一下，此时的窗外，已经开始飘荡着阵阵蝉鸣了。忽然，听到院外传来人声，紧接着是一阵欢笑的声音。曹雪芹立刻分辨出，这是敦敏兄弟的声音。

曹雪芹许久未见二兄弟，十分兴奋，所有的沉疴痼疾似乎一扫而光。敦敏兄弟二人容光焕发，让曹雪芹感受到了一种年轻的朝气。不等敦敏兄弟将来意说明，曹雪芹便迫不及待地将自己有关小说的设想倾吐给了二兄弟。但是自己的设想又似乎过于深刻与沉重，一时与曹雪芹表现出来的兴奋显得不太协调。

二兄弟从曹雪芹的讲述中，大致听懂了曹雪芹的思路。在他们的印象中，这位教习安贫乐道，而又放荡不羁。不曾想，其内心深处竟埋藏着这如此深邃而迷人的想法。二兄弟阅读过的小说并不多，只是读过《三国演义》和《水浒传》这样一些尽人皆知的作品。至于小说是否能呈现曹雪芹设想的面貌，二兄弟也毫无头绪。

　　但是无论如何，他们都支持曹雪芹的想法，并对曹雪芹的想法赞叹不已。兄长敦敏隐隐觉得，这种史无前例的想法甚至能使得眼前的曹雪芹青史留名。但是二兄弟的内心都不知晓，曹雪芹的想法能否付诸实践。尽管如此，他们都热心地为曹雪芹出谋划策。

　　曹雪芹在这一片欢乐的氛围中，却体会到了一番悲凉的滋味。遥想自己在江宁的童年时代，虽然受到父亲的多重钳制，但总是有机会寻找到风流雅致的生活。时过境迁，虽然如今的自己和当年贫富有别，但是那番快意的滋味并无二致。然而无论如何快心，一切都将化为历史的尘埃。

　　碧瓦红墙，小楼深院，是曹雪芹和敦敏兄弟的共同记忆。如今都似梦幻一般模糊而遥远，曹雪芹想要捕捉的，就是这样一番隐约而晦涩的经验。霎时间，闯入曹雪芹脑海的是一首南朝的诗歌——《河中之水歌》：

> 河中之水向东流，洛阳女儿名莫愁。
>
> 莫愁十三能织绮，十四采桑南陌头。
>
> 十五嫁为卢家妇，十六生儿字阿侯。
>
> 卢家兰室桂为梁，中有郁金苏合香。
>
> 头上金钗十二行，足下丝履五文章。
>
> 珊瑚挂镜烂生光，平头奴子擎履箱。
>
> 人生富贵何所望，恨不早嫁东家王。

南朝浮靡，并不为曹雪芹所喜。但是这首诗歌却一直受到曹雪芹的钟爱，虽然不脱南朝习气，但是其中所试图表达的洒脱与豁达却符合曹雪芹的口味。曹雪芹脑海中挥之不去的是"金钗十二行"的意象，在雕栏画栋之间的摇曳烛光中，金钗分外耀眼。但是他知道，表面的华美和内心的感受往往并不一致。如鱼饮水，冷暖自知。

繁华并不值得留恋，但是它所带来的情感却真实地刻在了经历者的心中。对于莫愁来说，初嫁豪门的喜悦是真实的，繁华下的悔恨也是真实的。正像对于曹雪芹来说，对于过往生活的留恋是真实的，但是那种生活所带来的虚幻感也是真实的。

正在他出神的时候，他听到敦敏似乎在询问他是不是感觉不好。他们以为曹雪芹大病初愈，精神仍然不济，打算起身回府。可曹雪芹突然叫住了他们，他跳下了床，走到自己寒酸的书桌旁边，拿起笔，写下了两个字：悼红。他央求敦敏兄弟一件事，将自己写的这两个字带回城，让人刻成一块木匾。虽然二兄弟并不了解其中具体的含义，但是很爽快地便答应下来。

天色渐晚，敦敏兄弟要赶在城门关闭之前回城。告别了二兄弟，曹雪芹更为清晰地把握了自己的想法。他将改造自己的那部小说，在其中添加自己的感情与体悟。

此后他便全心投入到《石头记》的写作之中。除了偶尔进城兜售自己的字画，或者和敦敏兄弟见面，他都藏进那间破旧的小屋之中。在这部小说中，他将自己所喜欢的"金钗十二行"的意象，转化为了金陵城中的十二位女子。她们凝结着曹雪芹心中的理想与偏爱，在浮华而空虚的世界中召唤着曹雪芹的真情实感。

时间就这样静悄悄地逝去，门外的两棵大槐树黄了又绿，绿了又黄。门外的军营也是几番喧嚣，几番寂静。门内的日子平实而寡淡，妻子虽然不太了解曹雪芹所写的内容，但是并无多言。看到家中用度颇为紧张，李氏便拿起了手工活计，努力为这个家庭增加一份收入。

有时他搜肠刮肚而不能多写一个字，便索性放下手中的毛笔，拿起手边的一个扇面，在上面随便写些什么，画些什么。他早已发现，京城中，这种扇子颇受人们的喜爱。即使人们并不知道曹雪芹的大名，见到了他拿着的扇子之后，也愿意花点钱购买——不过是附庸风雅。

一次，他走在京城的街道上，看见路边有人售卖风筝。大红大绿的颜色很是俗艳，曹雪芹想，如果自己能扎出一些风筝，并且在上面随便画些什么，估计要比眼前这些风筝更加入眼。

所以有时曹雪芹写作累了之后，便自己开始琢磨扎风筝的要领。虽然一个风筝看起来结构极其简单，可是想要令其结实，并非易事。断断续续间，曹雪芹用了一年的时间，才摸索出一套实用的方法。

　　离曹雪芹家不远处，也有一户人家。这户人家的主人名为于景廉，表字叔度，曾经当过兵。曹雪芹经常在酒肆中与其见面，一来二去，便熟悉起来。曹雪芹听他说话时有几分江宁口音，询问之后果然是江宁人。在曹雪芹的心中，江宁才是自己的故乡。因此见到于叔度后，倍感亲切。

　　曹雪芹在旗，每个月多少能支领些钱粮糊口。于叔度却没有任何的经济来源，再加上曾经在军队中受伤，变成了一个跛子，使得现在本就艰难的生活雪上加霜。曹雪芹看在眼里，忧在心中。

　　这时，曹雪芹想到了自己也许可以将制作风筝的手艺传授给于叔度。于叔度听说之后，也十分欣喜，他想到自己之前在京城的市集上，看到一些贵公子会花好几两银子去买一只风筝。听说自己可从曹雪芹这里学手艺，于叔度自然感激不尽。

于是曹雪芹便过上了一种颇为分裂的生活。大部分的时间里，他会沉浸在自己的小说世界当中。在他的小说世界中，女娲留下的一块巨石想要经历红尘中的生活，便化为了一块玉石随一个贵族公子哥出世。这个公子哥出生于家族的末世，亲眼见证了家族的败没。这个公子哥名为贾宝玉，在金陵，还有一位公子哥名为甄宝玉。真真假假，扑朔迷离。

而由"金钗十二行"的意象所联想到的十二位女子，则是这部小说中重点刻画的对象。曹雪芹根据记忆中交往过的女子的形象，为小说中的这些女子赋予生命与性格。

写作累了，他便停笔。或是写写画画，或是琢磨一些风筝的样式。他打算将自己的这些经验汇编成一本书，这样便不仅能帮于叔度一人，还能帮助更多人获得一门糊口的手艺。后来，曹雪芹又开始琢磨一些其他的手艺，不仅仅是扎风筝，他能想到的还有刻印、编织、烹调等。

小说中的红尘世界并非如想象般绚烂，大部分时间，曹雪芹都在聚焦一些琐碎的细节。当人物说出某一句话时，曹雪芹经常要对其中的每一个字都斟酌好久。只有如此，"金陵十二钗"才可以获得生命，但是对于作者来说，却是一种折磨。

而现实生活世界也并非如想象般灰暗，曹雪芹经常和于叔度还有敦敏兄弟会面。和他们谈天吃饭，总让曹雪芹觉得永远这样生活下去，将会收获真实的幸福。当他告别于叔度或者敦敏兄弟回到自己的书案边，想要重新进入小说写作状态，反而会心生枯索之感。

一次，敦敏兄弟对着屋外的"悼红"之匾，询问其中的含义。曹雪芹回答说，他哀悼的是"金陵十二钗"的红楼一梦，更是滚滚红尘中的每一个人。

南 游

　　时间已近乾隆二十二年（1757）的除夕，经过十年的艰苦，曹雪芹的《石头记》几近完工。可曹雪芹却在为一件事头疼：他想要让小说中的主人公经历一场梦境，在这场梦中，他将提前知晓那一众女子的命运，在前定的命运中体验人世的美艳与悲哀。

　　可是曹雪芹却迟迟难以下笔，他的任何想法都无法令他满足。因此他茶饭不思，寝食难安。妻子见状，刚来到香山时那场重病的记忆骤然降临。曹雪芹能看出妻子的担心，但是又无法表达出自己内心情绪之万一。妻子此时已经怀有身孕，他并不想让妻子徒劳地心焦，只能在妻子面前佯装轻松。

转眼已到除夕，他们所在的村子里也呈现出过年才有的热闹。平日里不常来往的街坊这时也勤加走动，院墙外时常飘来欢笑声。此起彼伏的鞭炮声，为空气中增添了火药的香气——这是过年时所特有的味道。

　　而曹雪芹这几日则两耳不闻窗外事，他终于理清了一个大致的思路。他让贾宝玉在梦中进入了一个仙境——曹雪芹命名为"太虚幻境"。在这个幻境中，众多女子的命运展露无遗。仙境是虚幻的，命运却无比真实。

　　在他的书中，人物的主体命运都已经定型，想要用散体将其概括出来并不难。但是散体没有形式美，而用韵文则能为人物的命运增添一种形式美感。曹雪芹在小说中，替其中的人物写了不少诗歌，而在这里，他更倾向于运用词曲的形式，展现一种错落有致的韵律感。

　　他最终决定写一组套曲，而不用现成的曲牌。并最终将这组套曲命名为"红楼梦"。红楼既可以指代太虚幻境，也可以指小说中的贾、史、王、薛四大家族。贾宝玉在太虚幻境中经历了一番梦境，而梦醒之后，又何尝不是进入了另外一番梦境？

在新春的烟花鞭炮声中，他文思泉涌，写出了十四支曲子，描述了书中十二位女子的命运。曹雪芹写罢再读，颇有些得意。不过很快他从书中世界重新回到现实，继续面对置身陋室中的清冷与寂静。妻子坐在床沿上，在缝补着什么。虽然今天是除夕，可仿佛比平日里还要萧条。

妻子不善表达，总在曹雪芹忙碌时静静地躲在一边。每每曹雪芹想要表达自己的歉疚，话到嘴边，又总是羞于出口。两个人似乎心照不宣，这默契是他们穷困日子中的精神支柱。

晚饭自然是比平时好一些的，不过在吃饭之前先要祭祖。在金陵时，除夕祭祖是一年中最盛大的场面。灯烛荧煌，全家上下装束一新，站在家庙中祖先的牌位之前，管家主持繁杂的仪式，那一声声唱赞为祖先的牌位增添了无上的庄严。曹雪芹将自己有关祭祖的记忆，完整地移植到了小说之中。

可如今，只有简单的几个木主，写着曹雪芹的父祖名讳。简单地烧几根香，磕几个头，便是曹雪芹对于祖先表示的敬意。之前需要一个时辰左右才能完成的祭祖仪式，如今不到一刻钟便草草完成。

晚饭之后，开始了漫长的守夜。小小的屋子中十分清冷，曹雪芹的内心却十分火热。在摇曳的微弱烛光下，他将厚厚的手稿翻来翻去，想起了将近十年的甘苦。这十年的成果，带给他的不仅仅是充实和满足，一直伴随着的还有忐忑：毕竟之前从没有人这样写过小说。

过年之后，曹雪芹将自己的作品拿给了敦敏兄弟，想要聆听他们的意见。敦敏兄弟见到了厚厚的书稿之后，欣喜异常。他们求曹雪芹将书稿留在他们的府上，好仔细品读。曹雪芹犹豫了一下，便同意了。

曹雪芹回到家中，又开始整理自己之前零星所写的与工艺有关的文稿。其中介绍风筝制作方法的那篇被曹雪芹命名为《南鹞北鸢考工志》。其他的有关烹调、金石、书画的部分完成度不一，曹雪芹想将他们编成集子，帮助那些无以自立的人学些手艺。

这一年曹雪芹的生活虽没有大的起色，但是他的心情一直十分舒畅。闲时，他会到于叔度家，聊

儿子出生了，生命延续带来的幸福消抹了一部分生活的困顿，曹雪芹邀请众多邻居前来家中做客。

天直到日暮。他开始关注居住在自己周边的人，一次拜访一户人家时，看到其家中供养着一位瘦弱的老太太。听主人说这位老太太姓白，是其姨母。这位老太太疾病缠身，衣食无着，只得寄居于外甥家中。曹雪芹听闻之后，便立即帮助她在附近搭建了一个小屋，让其有一处安家之所，并时常接济。

夏天，曹雪芹的儿子出生，生命延续带来的幸福消抹了一部分生活的困顿。他邀请众多邻居来家中做客，当然包括于叔度和白老太。

转眼已是新秋，曹雪芹已经将那部有关工艺之书基本编完，并为其定名为"废艺斋集稿"。可是曹雪芹并不确定能否帮到那些有需要的人，以及如何帮到他们。

曹雪芹有事出门，回来时听白老太说，有城里来的一对兄弟来访。曹雪芹知道是敦敏兄弟，便想着下次进城时与其会面。他还收到了敦敏兄弟寄来的信函，里面提及了京城中已经有不少人知晓了《石头记》这部书的存在。曹雪芹的内心颇为矛盾，他希望有人了解和欣赏自己所写的书，却又怕别人背地里议论。他决定下次见到敦敏兄弟时，询问他们的意见。

时间已近腊月，敦敏兄弟再次来访。敦敏邀请他和于叔度等于腊月二十四日前往家中赴宴，曹雪芹欣然答应。

腊月二十四日，曹雪芹一大早便进城去寻于叔度。如今于叔度在京城开了一间小铺，铺面本是于叔度朋友的，朋友南归，托于叔度代为照管。于叔度便借用这个小铺卖风筝。进入其中，满目琳琅。于叔度借此颇能度日，自然对曹雪芹感激不尽。前几日曹雪芹进城探望于叔度，竟然于风筝铺中，偶遇敦敏，敦敏便一同邀请于叔度赴宴。

于叔度偕曹雪芹赶赴槐园。此时宾客尚未到齐。敦诚在外当差，偌大的槐园中，只有敦敏和几个仆人居住，显得颇为落寞。寒暄之后，曹雪芹听闻敦敏准备了几尾鲜鱼，便迫不及待地进入了后厨。

他打算做一道醉鱼，曹雪芹习惯用莲心和鱼同浸水中，鱼肉会因此有一股莲子的清香。做到一半时，他听到前厅中隐隐传来问候之声。不多久，一位宾客来到后厨。敦敏向曹雪芹介绍，这位颇为年轻的宾客是过子和。曹雪芹连忙答礼："子和兄，久仰久仰！"而过子和则更为热情："雪芹兄，久仰！兄才名远扬，不知竟也精于烹饪！"说毕，哈哈大笑。

曹雪芹的醉鱼即将做好，客厅中喧声再起。曹雪芹收拾妥当，来到前厅，见到了刚刚到达的董孚存。董孚存如今在朝为官，然而文人习气并未褪去。寒暄过后，曹雪芹对其印象颇佳。而董孚存自然知道，眼前这位稍显落魄的文人，便是大名鼎鼎的江宁织造曹楝亭的孙子。敦敏平日里在董孚存面前，屡屡提起曹雪芹的境遇。董孚存听闻曹雪芹近况之后，每每不胜唏嘘。

董孚存近日听闻，两江总督尹继善也在打听曹雪芹的近况，只是初次见面不好遽然提起。不过和曹雪芹聊过数语之后，董孚存心知曹雪芹是旷达之人，初见曹雪芹的那种陌生感逐渐消失。觥筹交错之间，董孚存开口道："近日听闻尹元长制台在打听雪芹兄的消息，有意延兄入幕，不知可有此事？"

曹雪芹立刻答道："确有此事，前些日子收到尹制台来信。信中邀我前往江南。犹豫再三，以为可以一去。打算年后便动身，还未向众人言及此事。"

之前，曹雪芹收到尹继善来信，便同于叔度商量。于叔度自然支持曹雪芹前往江南，一是可以重游故乡，二是尹继善既然招其入幕，自然不会亏待曹雪芹。在曹雪芹看来，南游江宁，自然求之不得。他也担心自己并不习惯于幕府中的生活。最终他打定主意南游一遭，如不顺心，即可北归。

敦敏在席间听说了曹雪芹的决定，感受有些复杂。曹雪芹南游，自己在北京便少了一个挚友。但是对于曹雪芹能找到一个好的去处，他又感到欣慰。毕竟在两江总督麾下，曹雪芹不仅能获得生活上的改善，还能获得政治上的庇佑。

曹雪芹担心自己南游的决定会遭到敦敏的阻拦，正不知如何向他提起。而董公在席间不经意的询问，正好化解了他内心的那份踟蹰。他看到敦敏支持自己的决定，不由得松了一口气。

曹雪芹尽兴欢饮，陶醉时放声高歌。他也记不得自己有多久没有像今日这样畅怀了。十年埋头写作，已经耗尽了他的心血与精神。他当然无怨无悔，他知道，那部小说将是自己留给这个世界最宝贵的记忆。这记忆中凝结的是家族衰败之后的悲哀与沉痛。而作为一个凡人，他殷切渴望着的是与之相反的感情。

那场宴会持续到了傍晚时分，曹雪芹在微醺中婉拒了敦敏请其留宿槐园的提议。他惦念着家中的妻儿，不久之后要分别一段时间，他更珍惜与妻儿相处的时刻——他打算自己先去江南，如能在江宁安身，便回北京接妻儿南下。

乾隆二十四年（1759）天气逐渐转暖之时，曹雪芹打算开启自己的南游之旅。简单收拾之后，在四月的一个清晨，曹雪芹向妻子和尚在襁褓中的儿子告别。妻子生完孩子不到一年，本来他应该留在家中照顾。但是他想要提供给儿子更好的生活，不得不去江南尽力谋一份职业。面对送自己出门的妻子，他再也压抑不住内心的歉疚之情，几乎是含着眼泪对妻子说："苦了你了，委屈你了！"妻子也想表现出平静的神情，可是说出的话还是带着颤抖："出门在外，照顾好自己，实在不行，就回家吧！"

曹雪芹向远方走去，不时回头，向妻子喊道："回去吧！"可是走了很远之后，一扭头，还能看到家门口妻子孤独的身影。他来到附近的集市上，雇了一辆车，先到城里，再另外雇车去张家湾。祭奠完父母，便找到一艘南下的货船，付给船主一些银两，他们便会将其带到江南。

从十几岁来京到现在，他一直没有离开过北京。一路上充斥于内心的，不仅有兴奋，还有忐忑，甚至可以说是恐惧。时过境迁，在北京已备尝人世辛酸的他，希望自己能以一种放得下的轻松来面对许久未见的江宁。但是他又担心来到江宁之后，自己这些年来在京城中所努力达到的超脱心境会被瞬间冲垮。毕竟江宁城中，留存着自己最为珍视的童年记忆，在这份记忆面前，又有谁能做到不动于心呢？

漫长的旅途之后，他终于到了长江。溯江而上，不久便到了江宁城下。他记起了自己离开江宁城的那天，江边也像如今一样喧哗热闹。在城北的金川门下，曹雪芹伫立良久。三十多年前，他满怀惊惧，在离此门不远的码头上踏上北上的路途。历经三十年的困苦，站立在金川门下的他，如今已经是一个饱经沧桑的中年人了。

两江总督府就在他家老宅的边上，靠着三十多年前的记忆，他不用问路便能到达。他从未像今天这样更为强烈地体会到"近乡情更怯"的意涵，咚咚的心跳声提示着他内心难以释怀的紧张感。当旧宅最终出现在他的面前时，他的紧张感涣如冰消。他本以为自己会因控制不住一直压抑着思念，难以自持，可奇怪的是，此时他颇为平静，只为妻子不在身边感到遗憾。

他见到了尹继善，可以看出，这位两江总督——全国最有权势的人之一——对他的到来颇感喜悦。毕竟曹寅的流风余韵在整座江宁城中一直挥之不去，当曹寅的子孙答应来到自己的幕府中时，尹继善的脸上甚有光彩。

权贵幕府中的生活就这样仓促地开始了。尹继善平日里对曹雪芹非常友好，吃穿用度都给予了特殊的照顾，并且劝他早日将家眷接回江南。曹雪芹却并不急于让妻子来到自己的出生故地，他内心仍在犹豫，他需要时间来确定自己是否习惯这种生活。

在幕府中的日子自然是衣食无忧，日常接触到的也是一些文士官员。没过多久，曹雪芹寻找到了一种旧日生活的感觉。众人刻意地扬起灿烂的笑脸，恭敬地附和着衙门主人的一言一行。当年织造府中的日子似乎重现，只不过自己不再是众人喝彩与褒扬的对象。

落差感自然令曹雪芹感到怅惘，而最令曹雪芹不适的，却是自己也在逐渐滑落于一种清客的角色——他一直对于曲意逢迎深恶痛绝。总督只是在处理政务的余暇，与曹雪芹谈文论艺。尽管曹雪芹在决定赴约来江宁时，设想的生活和此相差不大——他明白自己毫无理政的经验，也知道总督不会和他商谈政务。但是真的过上这种生活之后，却发现自己无法适应。

随着时间的推移，这种不适感日渐增强。直到认为再也没有必要忍受下去的时候，他决定向总督辞行。

病 逝

在幕府中的生活只持续了数月，曹雪芹便萌生了北归的想法。当他将自己的决定告诉尹继善的时候，尹继善颇有遗憾之态。尹继善十分不解，这里明明就是曹雪芹的故乡，为何他却反生离人思归之情。他当然不能理解，曹雪芹虽然身处故地，但物是人非，如今过的已是寄人篱下的日子。

又勉强度过了一两个月，曹雪芹决心启程返京。尹继善见其去意已决，也就不再挽留。他给曹雪芹送上了丰厚的礼金，并派人将他送到了江边。尹继善特意走到了府衙的门口为其送别，曹雪芹下得台阶之后，微微躬身，长揖而别。虽然在府衙之中的生活，他并不适应。但是像尹继善这样一位高他一辈的慈厚长者，他将永远铭记。

告别江宁时已是初秋。马车缓缓穿过这座城市，曹雪芹坐在马车一边，想要记住所经之路的所有景色。当马车再次驶出金川门的时候，各种各样的情感一齐涌上心头，在一瞬间，他想让车夫调头返回，然后就这样在江宁城中一直生活下去。可那只是一瞬间的想法，毕竟他再也不想当一个清客了。

秋天的大运河日渐繁忙，已经开始有漕船满载江南的漕米，陆陆续续北上了。得益于尹继善的安排，曹雪芹搭乘的是官员们的官船，相较于满载漕米的漕船而言，官船无疑更为宽敞舒适。窄窄的运河略显拥挤，北上的速度十分缓慢。曹雪芹却十分喜欢这种行进节奏，船底潺潺的流水声抚慰了他在江宁所产生的难以厘清的情绪。

尽管官船行进速度也很慢，却比满载的漕船速度快得多。九月初，曹雪芹再次回到北京。北归的想法自己之前只是在信中对自己的妻子言及，京城中的朋友很少知道。他在通州下船，雇车来到京城，他倍感疲惫，先去了友人富察·明琳的家中歇脚。

明琳之前从好友敦敏处得知曹雪芹南下时，以为曹雪芹将会定居江南。当曹雪芹突然出现在明琳面前时，明琳颇感意外，连忙派人置办酒菜，打算与曹雪芹痛饮一番。正当曹雪芹与明琳高声谈论此次南游的见闻时，忽听得庭院中有喧闹之声。原来是敦敏偶尔路过，听得宅内隐隐有曹雪芹的声音，便直接闯了进来查看虚实。当他看到宅中说笑的果真是曹雪芹时，大喜过望，整个庭院中都萦绕着几人爽朗的笑声。

与友人匆匆一会之后，曹雪芹赶到家中，见到了朝思暮想的妻儿。妻子已经从之前的来信中得知他归家的消息，当丈夫突然出现在自己的眼前时，还是激动地难以自持。儿子坐在床上咿呀学语，见到了曹雪芹，由于感到陌生而向床后退缩。曹雪芹却如同卸去了千斤重担，立刻沉浸于这个家所带来的闲适与自在之中。

旧日的生活得以延续，曹雪芹在家中写字画画，然后拿到城中卖钱换酒，顺便造访城中诸友。此外，最主要的工作，便是重新整理之前所写的

《石头记》，当然还有《废艺斋集稿》。

深秋时节，曹雪芹再次大病一场。疾病无情地吞噬了北归之后的闲适生活。就像《石头记》中的林黛玉一样，他不停地咳嗽。请郎中来看，郎中也只是说感染了风寒，开几张对付风寒的药方。吃了似乎管些用，但是无法根除。

虽然自己的病久治不愈，曹雪芹并未十分挂心。他觉得可能是在温润的江南待了一年之后，突然回到北方不适应骤然降临的秋冬寒意。所幸儿子此时已和自己日渐亲近，妻子又对自己悉心照料，父子与夫妻之情，滋养着他干枯萧索的生命。

身体的虚弱持续了整个冬天。曹雪芹回想到了刚搬到西山脚下时那次病重的经历。这次生病的严重程度当然远远比不上那一次，但是那次生病所带来的虚幻感却卷土重来，不断地冲击着他左支右绌的精神世界。

前几个月，生活的愉悦似乎使他与《石头记》中的悲凉氛围产生了陌生之感。可在这场疾病的冲击之下，悲凉之雾再次迷漫。《石头记》的结局，便是"落得个白茫茫大地真干净"。每每曹雪芹感到过于压抑时，只能停下手中的笔，做些其他的事情，以防内心的防线被彻底攻破。

他借着进城的机会，常常与敦敏兄弟等人相会。在家中，则有时陪好友张宜泉漫步西山，或者去帮助于叔度制作风筝。附近居住的白老太前两年去世了，曹雪芹偶尔会到她的埋葬之处凭吊一番。

整理书稿，看似是一份简单的工作，实际上不动声色地消耗着人的精力。那种字斟句酌的工作，往往让曹雪芹陷入一种烦躁而无力的状态。一整年的时间，他才整理了《石头记》中的四十回。年末的时候，他已是精疲力竭。他的内心竟然萌发了一种进退维谷的情绪。

一年中，曹雪芹的病断断续续，一点一点地侵蚀着曹雪芹的耐心。醉乡路稳宜频到，他选择喝酒来缓解内心的焦躁。妻子总是因此抱怨，曹雪芹却充耳不闻。他日渐感到自己身体的虚弱，他内心中不祥的预感日渐增强。尽管内心中会有恐惧，会有悲凉，但是他下定决心，一定要将《石头记》整理完成。

转眼又是开春，过完年将近一个月，他养精蓄锐，感觉身体强健了一些，便以一种更为饱满的状态投入手头的工作，整理的速度明显比去年加快了一些。

秋天，一场变故突然降临。

本来夏末秋初的日子里，他重新感受到了生活的幸福。他的病症日渐减轻。到夏末时，他已经基本上整理完了《石头记》前八十回。按照这个速度，他明年就能将书稿全部整理完。他逐渐在《石头记》中的世界与自己所处的现实世界之间，寻找到了一条平衡之路，不至于让自己过于沉溺在书中悲凉的氛围中，也抑制世俗世界对于自己的熏染。

初秋时节，他进城拜访敦敏，敦敏还未起床。曹雪芹便先到附近闲逛，结果遇到了敦诚。敦诚也想去敦敏家，听闻哥哥未起，便索性拉曹雪芹到附近的酒馆喝酒。一番畅饮之后，敦诚发现自己并未携带银两。曹雪芹想要付账，敦诚却迅速将随身的佩刀拍在酒肆的桌上——他并未给曹雪芹付钱的机会。酒馆的掌柜早已看到敦诚腰间所系的红带子——皇族的标志，本不想收下敦诚的佩刀。只是在敦诚一再要求下，才小心翼翼地将佩刀放到了柜台中，等候什么时候敦诚拿来酒钱，再将这把佩刀还给原主。

一番痛饮之后，曹雪芹和敦诚来到槐园，又是一番诗酒流连。曹雪芹向敦敏讲述了刚才酒馆中的遭遇，敦敏听罢，哈哈大笑。敦诚趁着酒意未消，要来纸笔，迅速写就一首《佩刀质酒歌》：

> 我闻贺鉴湖，不惜金龟掷酒垆。又闻阮遥集，直卸金貂作鲸吸。嗟余本非二子狂，腰间更无黄金珰。秋气酿寒风雨恶，满园榆柳飞苍黄。主人未出童子睡，罍干瓷涩何可当。相逢况是淳于辈，一石差可温枯肠。身外长物亦何有，鸾刀昨夜磨秋霜。且酤满眼作软饱，谁暇齐罍分低昂。元忠两裤何妨质，孙济缊袍须先偿。我今此刀空作佩，岂是吕虔遗王祥。欲耕不能买犍犊，杀贼何能临边疆。未若一斗复一斗，令此肝肺生角芒。曹子大笑称快哉，击石作歌声琅琅。知君诗胆昔如铁，堪与刀颖交寒光。我有古剑尚在匣，一条秋水苍波凉。君才抑塞傥欲拔，不妨斫地歌王郎。

曹雪芹读罢，连连称叹。之后的一天，又是在槐园中又一次畅快的流连。直到日色渐昏，曹雪芹欲归。尽管敦敏兄弟苦苦挽留，无奈曹雪芹牵挂家中的妻儿。他回到家时，半轮明月已在东方高高挂起。

　　推开家门，他听到了儿子一阵急促的咳嗽声。妻子见他回家，着急地告诉丈夫儿子染上了热疾。曹雪芹赶到床前，发现儿子浑身滚烫。他连忙冲出家门，去附近请郎中。

　　郎中看到儿子的病症之后，并未十分在意，只是说偶感风寒，从随身携带的药箱中，取出几剂药。曹雪芹连忙着手煎药，煎好时已是深夜。儿子吃完药之后，似乎是困了，便闭上了眼睛。曹雪芹为儿子盖好了被子，突然感觉困意袭来，也倒头睡了。

　　第二天清早，儿子的身上似乎不那么烫了。但是到了中午，病症似乎有些加重。曹雪芹打算熬完郎中昨夜给的药之后，再去买几副药。此时的他，认为多吃几副，病情就会被控制住。

　　可是一连好几天，儿子的病情并未缓解，曹雪芹决定带儿子去城里看病。京城里一家医馆的大夫对眼前的小病人做了一番检查之后，微微摇头，说这是白喉病。曹雪芹顿时心慌意乱，连忙询问大夫儿子情况如何。大夫也只是开了几副药，让其带回家服用。曹雪芹带着几副药，失魂落魄地回到家中。

没过几天，儿子便夭折了。

妻子撕心裂肺的哭声，让曹雪芹恍然有了天崩地裂的感觉。邻居三三两两地过来帮忙准备后事。于叔度和张宜泉也赶到家中，安慰曹雪芹和他的妻子。曹雪芹挣扎着站起身来，不让悲伤将自己彻底击垮。

可曹雪芹知道，儿子的死讯，已然让自己跌入了万劫不复的深渊。仿佛一夜之间，他变得老态龙钟。他头发花白，眼神失去了光彩，伴随着无穷无尽的咳嗽。他时常感觉到咽喉中的一缕腥甜，知道自己身上的病也在逐渐加重。

但在悲痛欲绝的妻子面前，他依然是这个支离破碎的家庭的顶梁柱。他在于叔度等人的帮助下，将小儿子埋葬在了附近的山坡之上——夭折的子孙是无法葬入祖坟的。

此时，曹雪芹唯一的寄托，便是那部《石头记》。他决定要用尽平生最后的力气，去完成《石头记》的整理工作。可是，身体的衰弱，伴随着重新涌上心头的身世之悲，使他无法完成这项艰巨而繁琐的任务。他将一切都交付给了命运，并不希求上天的垂怜，只是拼尽全力去完成这份伟大的事业。

天气变冷，曹雪芹本就脆弱的身体再也经不住摧残，倒在了病榻之上。就像儿子之前所生之病一样，他也浑身滚烫，时而陷入昏迷的状态。当他清醒的时候，最牵挂的，除了自己的妻子之外，就是自己的《石头记》了。

可是《石头记》只是整理完了前八十回，后面的四十回，终是无如之何了。此时，妻子虽然还是很虚弱，还在勉强地照料着病榻上的曹雪芹。最近一直有亲朋好友来探望曹雪芹，他们带来了好几位大夫，可是这些大夫在诊视一番之后，也只是长吁短叹。亲友们自然了解大夫们没有说出的话。

临近年关了，曹雪芹已经瘦弱得不成样子。一

曹雪芹趁于叔度、张宜泉还有两位同族兄弟在场，将自己毕生的心血《石头记》书稿托付给了他们。

天，趁着于叔度、张宜泉还有两位同族兄弟在场，他将自己毕生的心血——一部《石头记》手稿托付给了他们。前八十回，曹雪芹已经用工整的楷书整理了出来。而后四十回，仍然处于未定稿的状态。

除夕之日，曹雪芹在病榻上，感觉自己的精神状态比前几日还要好些。他想起了雍正六年（1728）的春节，江宁城中，正像今日一样，沉浸在一片祥和的氛围中。现在回想，那是自己贵公子生涯的最后一日。

不过所谓贵公子，所谓穷书生，任何身份在即将到来的死亡面前，都不重要了。他带着自己积攒了大半辈子的平静，或者说悲凉，投身于人人都要面对的归宿。他并不遗憾，也不恐惧，他可以问心无愧地说，这辈子他虽然饱经沧桑，但是他从来没有向谁屈服。这是他一生中，最为骄傲的回忆。

就这样，他困意渐生。在西山脚下，在一个破败的小屋里，他度过了自己人生中的最后一天。这一天，也是乾隆二十七年（1762）的最后一天。整个帝国都沉浸在一片辞旧迎新的氛围当中，没有人会注意到北京西郊一对贫寒夫妻的生死离别。

曹雪芹的一生，经历了从荣华富贵到穷困潦倒的剧变。他尝遍了人世的辛酸，看惯了世俗的冷暖，却始终没有向任何人低头。他勘破了万事皆空的人间底色，却始终没有放弃对命运的抵抗。他将小儿女的悲喜，与方外人的通透，还有自己的血与泪，通通凝聚在了一部《石头记》中。

没过多久，曹雪芹所写的《石头记》便流传开来。遗憾的是，出于种种原因，未整理好的后四十回逐渐失传。人们却因此近乎疯狂地沉迷于想象那缺失的四十回的样貌。这部书激起的讨论代代相传，逐渐融化在我们整个民族的文化血液中，成为不可或缺的一部分。

曹雪芹
生平简表

● ◎清圣祖康熙五十四年（1715）

曹雪芹出生于南京。

● ◎清世宗雍正元年（1723）

与曹雪芹家族休戚相关的苏州织造李煦被罢职抄家。

● ◎雍正五年（1727）

十二月，曹𫖯因骚扰驿站等罪名被罢职，曹家败落。

●◎雍正六年（1728）

————————————————————————————————

　　曹雪芹随父亲进京，于北京蒜市口一处老宅定居。

●◎雍正十三年（1735）

————————————————————————————————

　　雍正皇帝驾崩，继位的乾隆皇帝放松了对曹家的控制。

●◎清高宗乾隆四年（1739）

————————————————————————————————

　　曹雪芹因为不服管教，被父亲幽闭于家中，开始创作《红

楼梦》。

●◎乾隆七年（1742）

————————————————————————————————

　　曹雪芹重获自由，开始在右翼宗学当差。

●◎乾隆十三年（1748）

————————————————————————————————

　　曹雪芹的表哥平郡王福彭去世，不久之后，曹雪芹搬往西郊

香山。

●◎乾隆十九年（1754）

经曹雪芹反复修改的《红楼梦》已经开始在社会上流传。

●◎乾隆二十四年（1759）

曹雪芹南游，前往两江总督尹继善幕府。

●◎乾隆二十五年（1760）

曹雪芹返回北京。

●◎乾隆二十七年（1762）

除夕之夜，曹雪芹于北京西郊逝世。